博古圖錄考正

（第三册）

UESTCP
电子科技大学出版社

第三册目録

博古圖録考正卷第十四

總説

爵三十五器

商

招父丁爵銘九字

父乙爵一銘二字

父乙爵二銘三字

父乙爵三銘二字

父乙爵四 銘二字

父乙爵五 銘二字

父乙爵六 銘二字

父乙爵七 銘二字

祖乙爵 銘二字

祖丙爵 銘四字

父戊爵 銘三字

祖己爵 銘二字

守父丁爵 銘三字

飲父丁爵 銘三字

斧爵 銘一字

子孫巳爵 銘四字

子爵一 銘五字

子爵二 銘三字

巳舉爵一 銘二字

巳舉爵二 銘二字

車爵 銘一字

秉仲爵 銘三字

父壬爵 銘二字

庚爵 銘二字

父癸爵 銘二字

中爵 銘一字

尊癸爵 銘二字

雷篆爵 銘一字

素爵一 銘一字
素爵二
縋爵
雲雷爵一
雲雷爵二
雲雷爵三
雲雷爵四

總説

凡彝器有取於物者小而在禮實大其為器也至微而其所以設施也至廣若爵之為器是也蓋爵於飲器為特小然主飲必自爵始故曰在禮實大爵於彝器是為至微然而禮天地交鬼神和賓客以至冠昏喪祭朝聘鄉射無所不用則其為設施也至廣矣玆之前世凡觴一升曰爵二升曰觚三升曰觶四升

曰角五升曰散則爵之所取者小又其為器至微也信郁郁周鑒前古禮文大成而特以爵名其一代之器則豈不有謂盞以在夏曰琖在商曰斝在周曰爵名雖殊而用則一則其取象各具一妙理耳故其形制大抵皆近似之琖從戔故三足象戈斝戒喧故二口作喧爵則又取其雀之象蓋爵之字通於雀雀小者之道不順而上逆也俛而啄仰而四顧

其慮患也深今攷諸爵前若蜀後若尾足脩而銳形若戈肽兩柱為耳及求之禮圖則刻木作雀形背負琖無復古制是皆漢儒臆説之學也使夫觀此三代之器則豈復有是陋哉

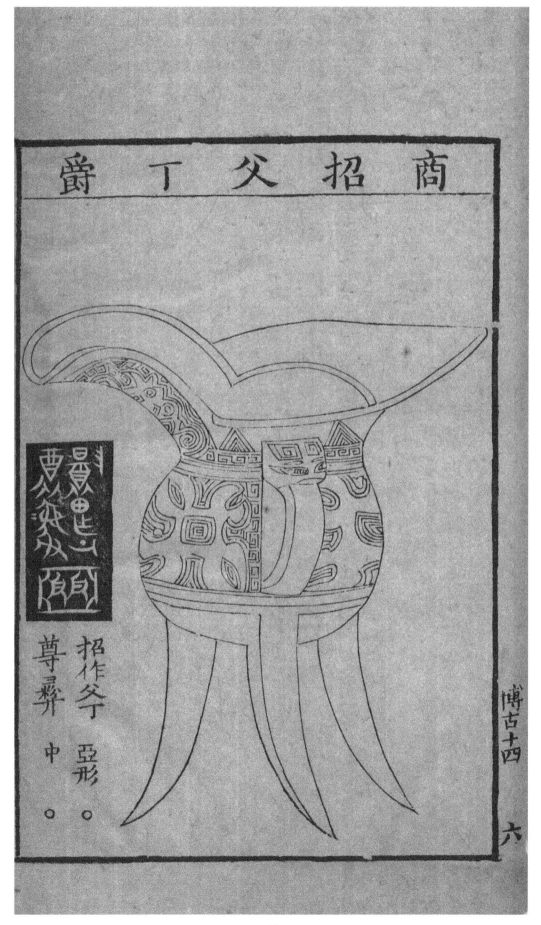

商招父丁爵

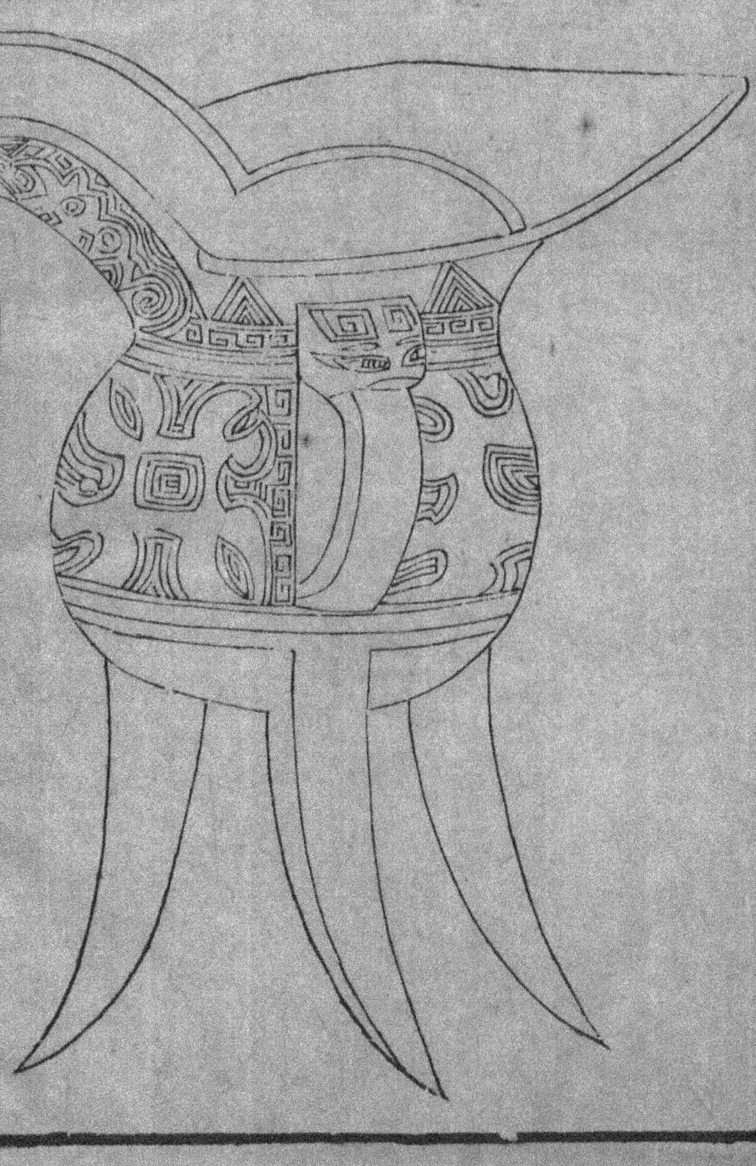

招作父丁 亞形○
尊彝 中○

右高六寸五分深二寸八分口徑長六寸三分闊二寸九分容五合重一斤七兩三是有流有鋬銘九字其文曰父丁尊彝盖商人作禮器多銘之彝義取有常而無變也是爵曰招者名載其人為父丁而作也形製特無二柱為反坫之用比諸爵為小異未知古人所以立意何如耳

商父乙爵一

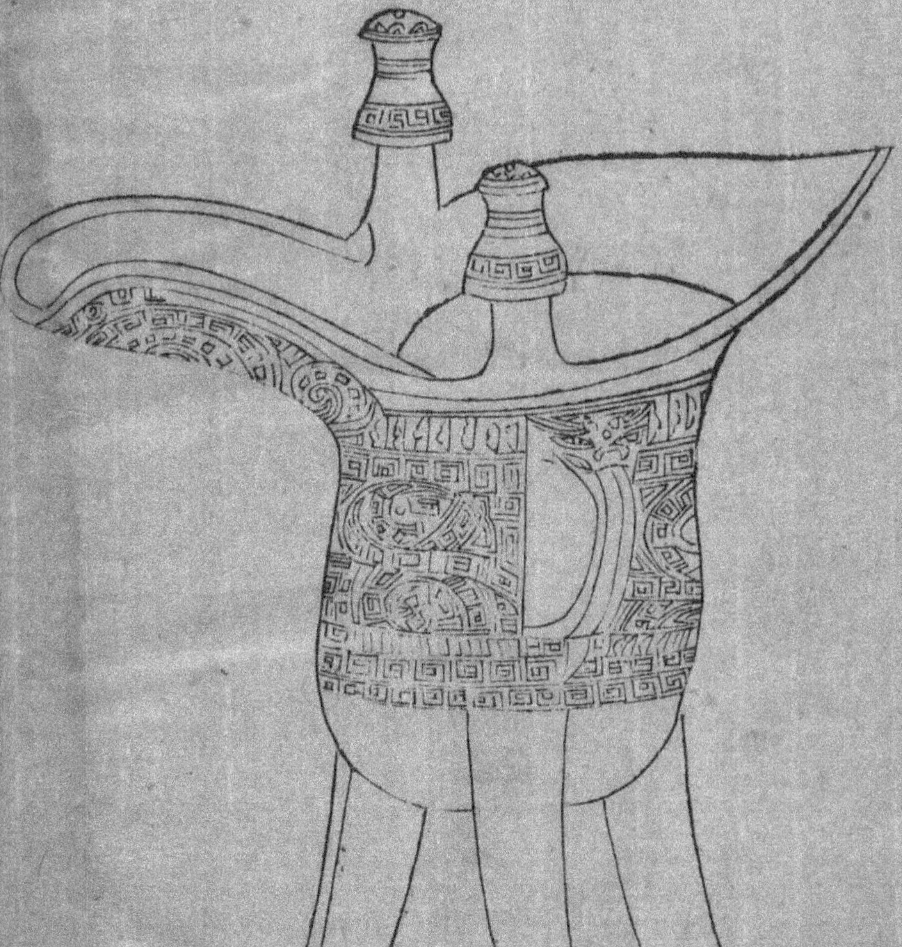

父乙

高七寸五分深三寸四分口徑長五寸六分
闊二寸四分容五合重一斤有半兩柱三足
有流有鋬銘二字

商父乙爵二

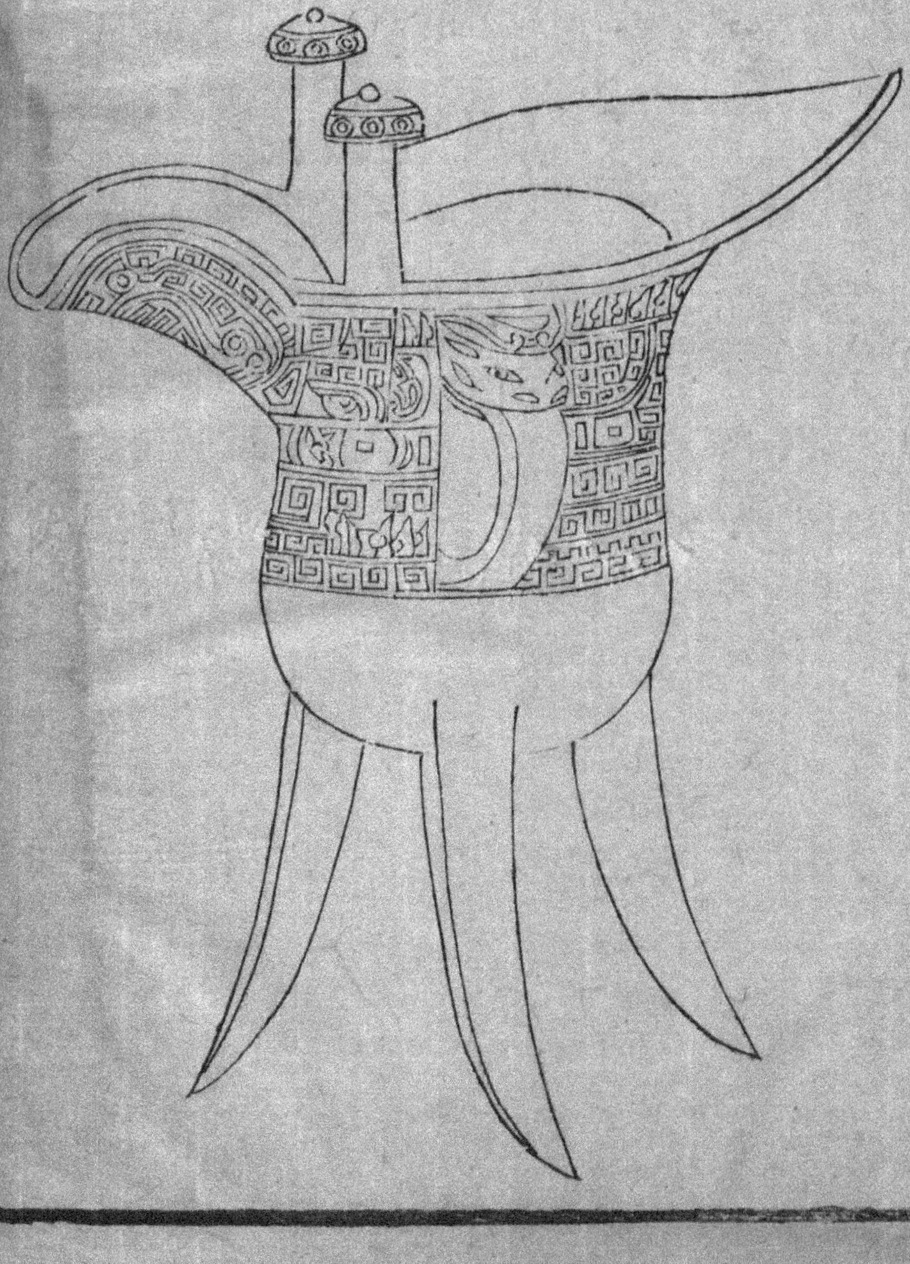

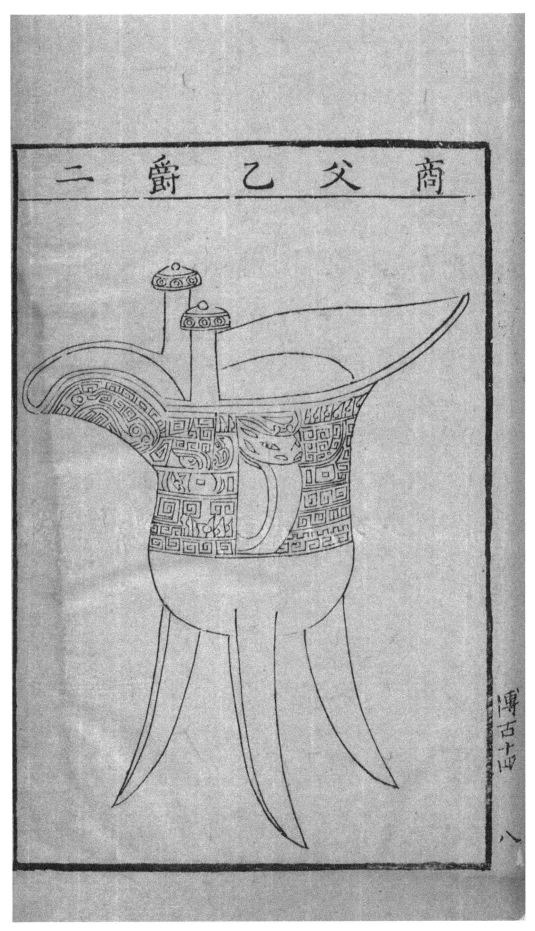

孫父乙

高六寸八分深一寸八分口徑長五寸六分闊二寸五分容五合重一斤兩柱三足有流有鋬銘三字

商父乙爵三

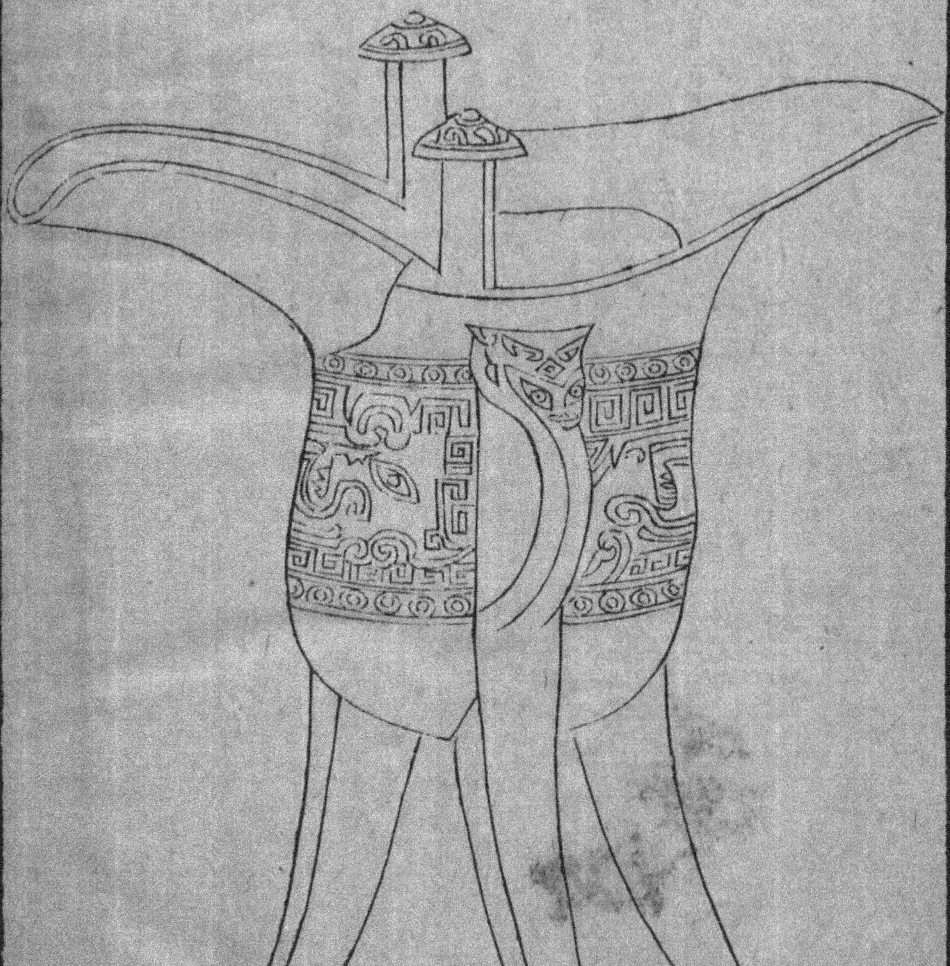

父乙

高六寸六分深三寸一分口徑長六寸闊三寸六分容五合重一斤四兩兩柱三足有流有鋬銘二字

商父乙爵四

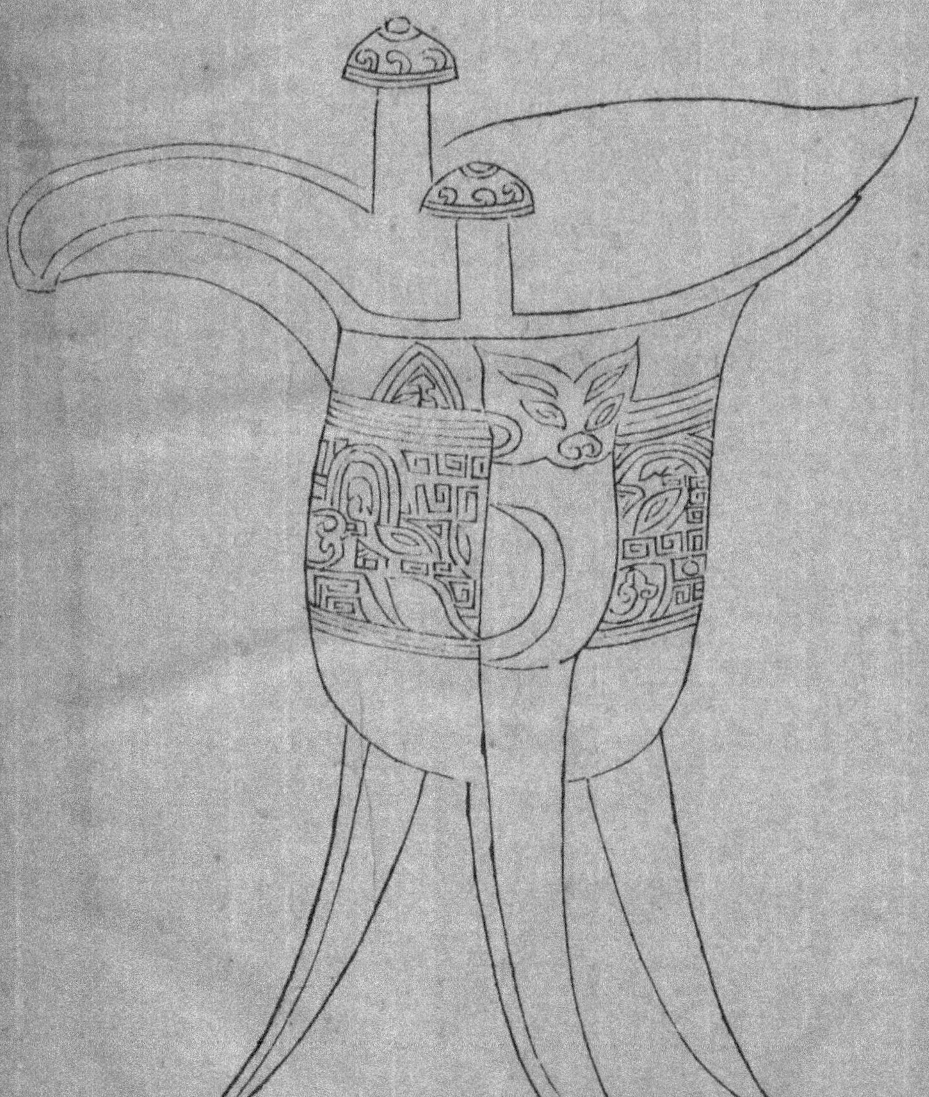

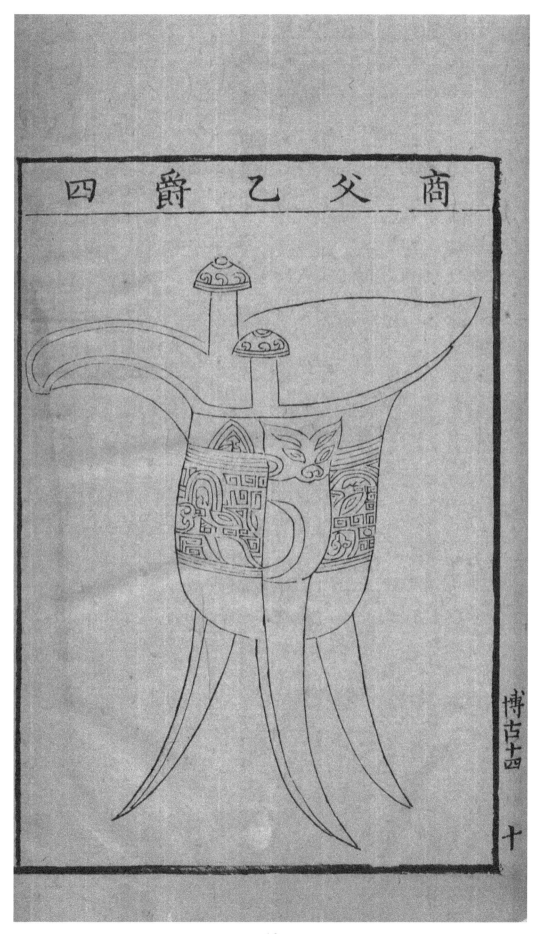

父乙

高六寸一分深二寸八分口徑長五寸五分
闊二寸五分容四合重一斤三兩兩柱三足
有流有鋬銘二字

商父乙爵五

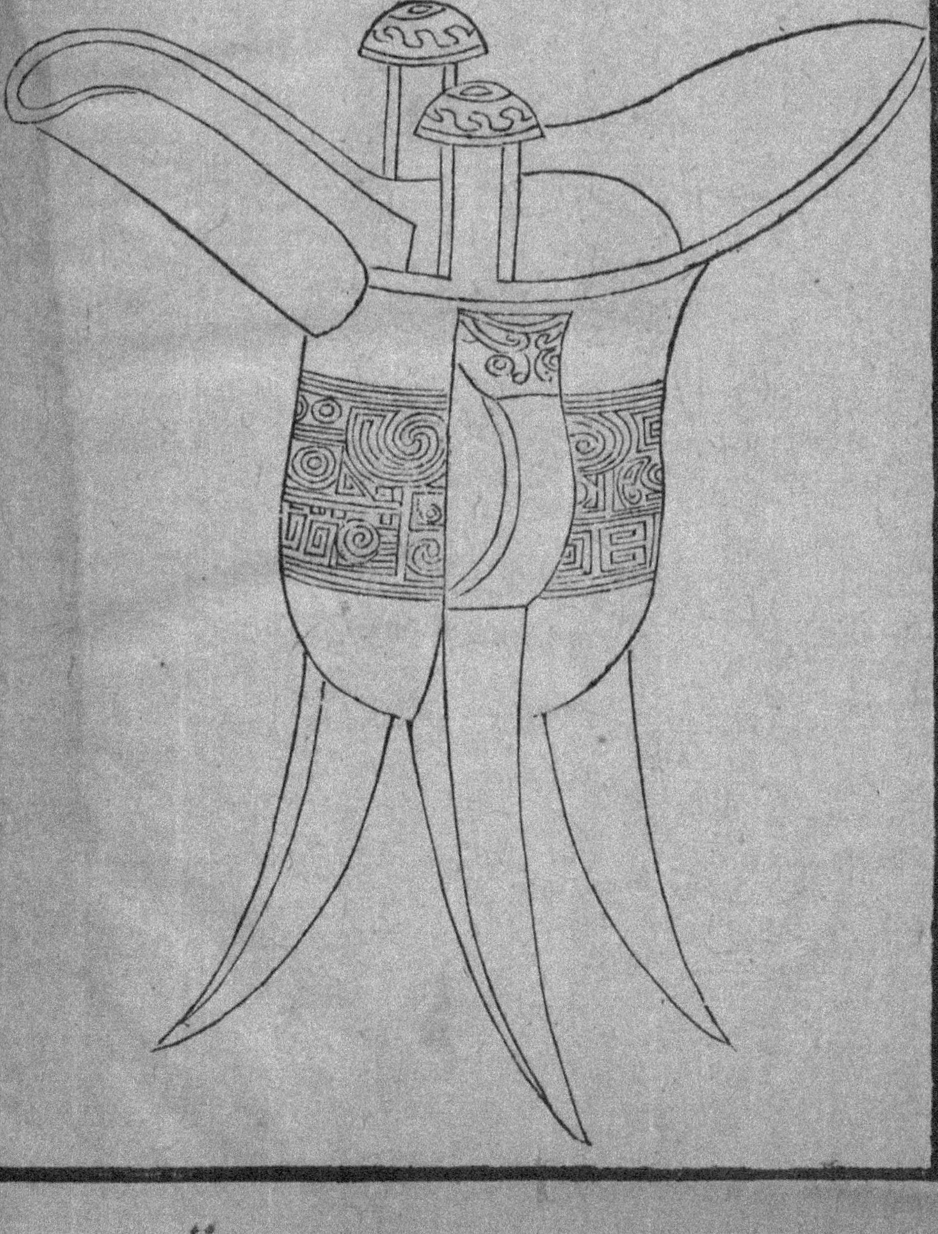

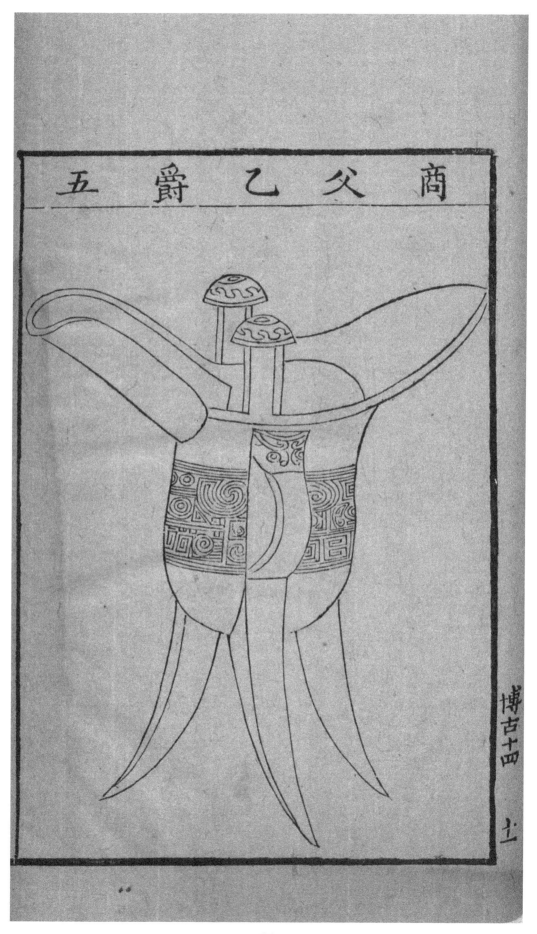

父乙

高六寸七分深三寸口徑長五寸五分闊二寸六分容四合半重一斤三兩兩柱三足有流有鋬銘二字

商父乙爵六

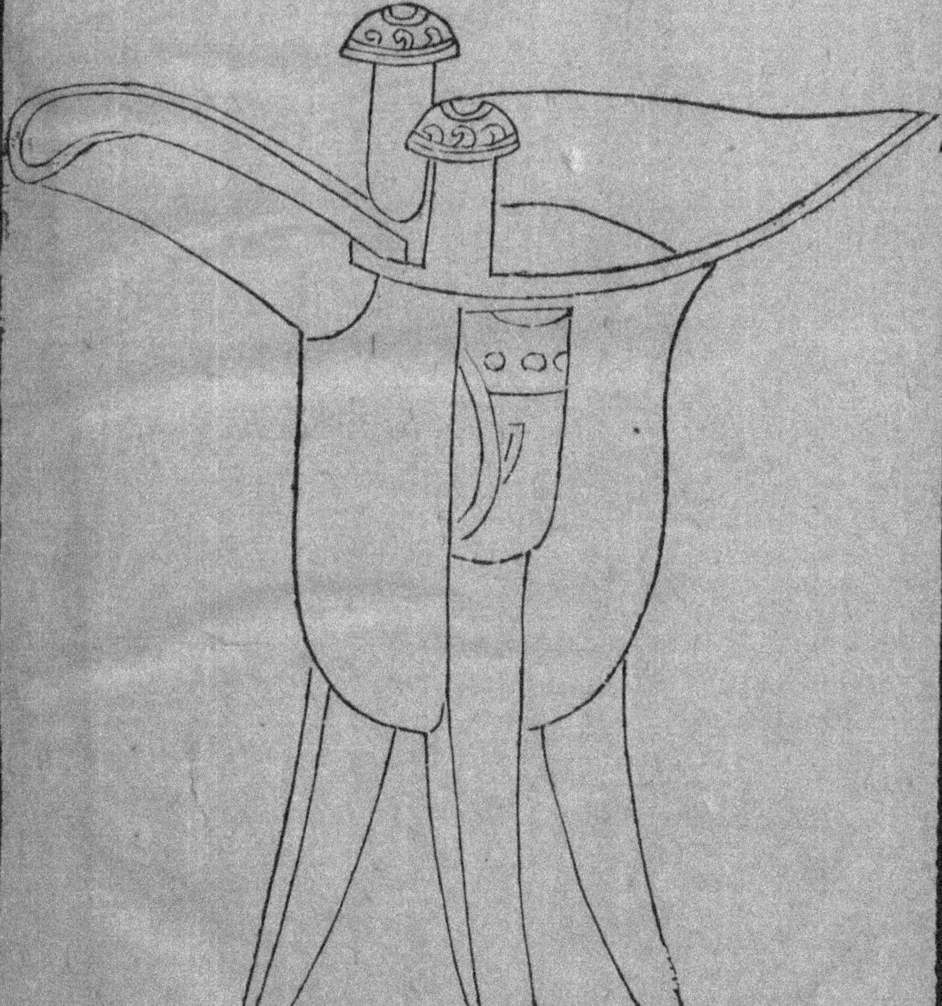

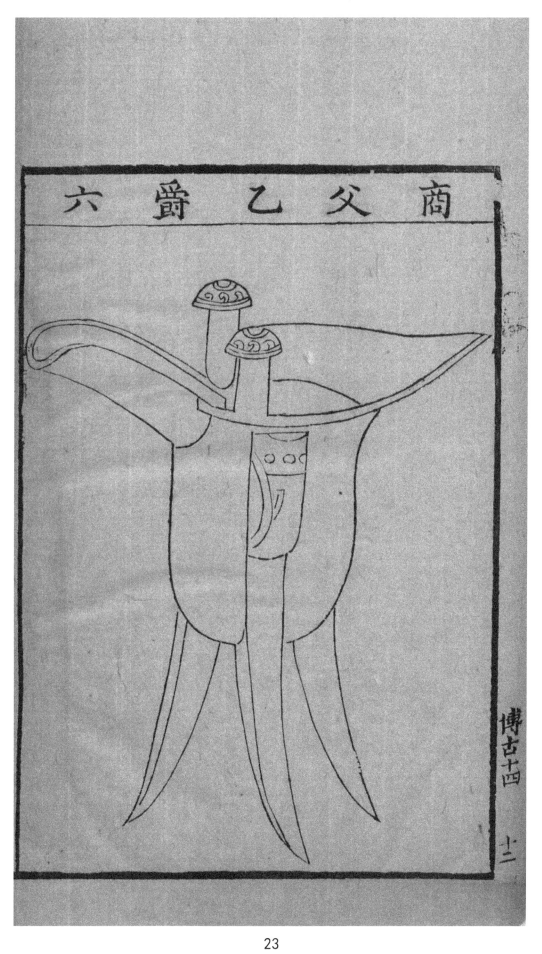

父乙

高六寸六分深二寸八分口徑長五寸四分

闊二寸六分容四合重一斤兩柱三足有流

有鋬銘二字

商父乙爵七

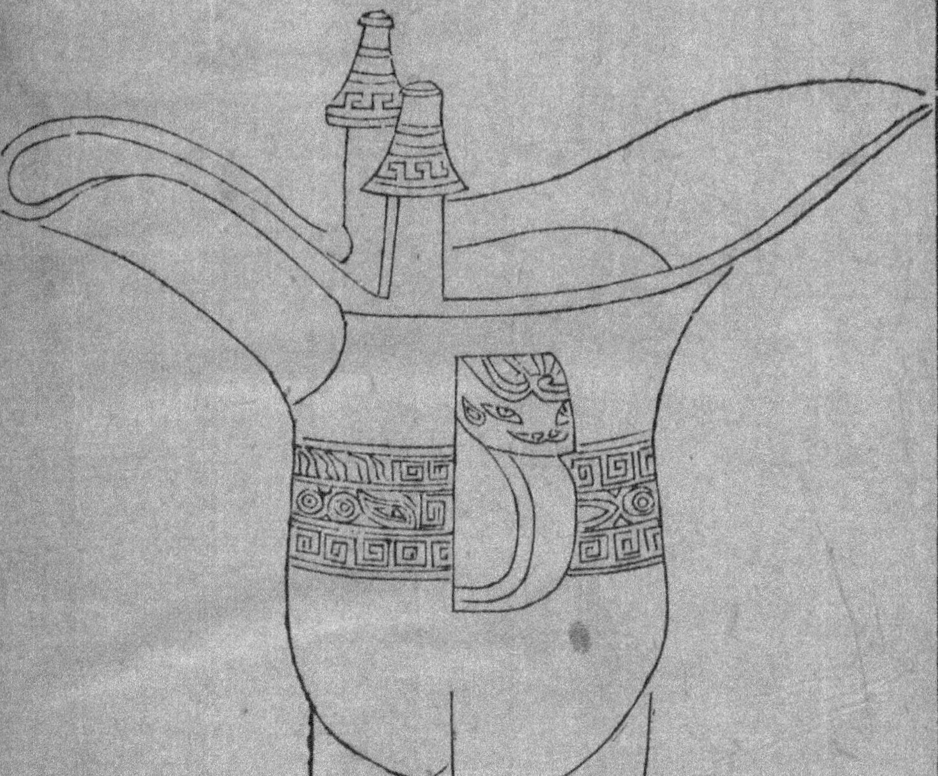

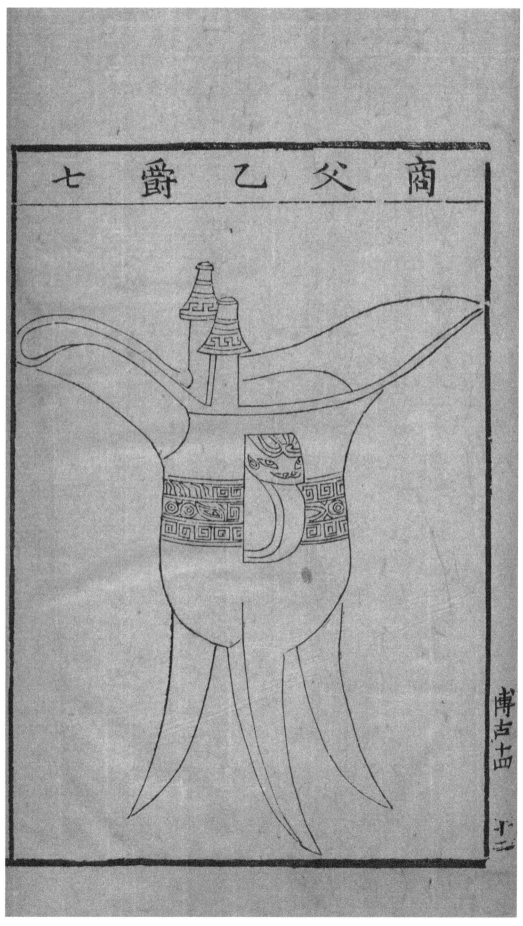

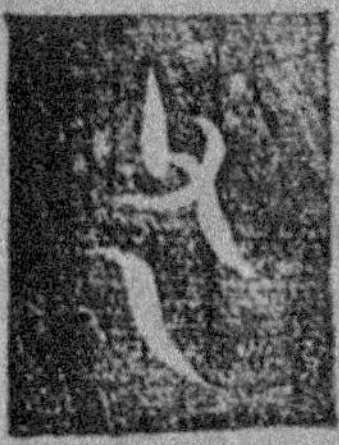

父乙

高六寸八分深三寸口徑長五寸五分闊二寸六分容五合重一斤兩柱三足有流有鋬銘二字

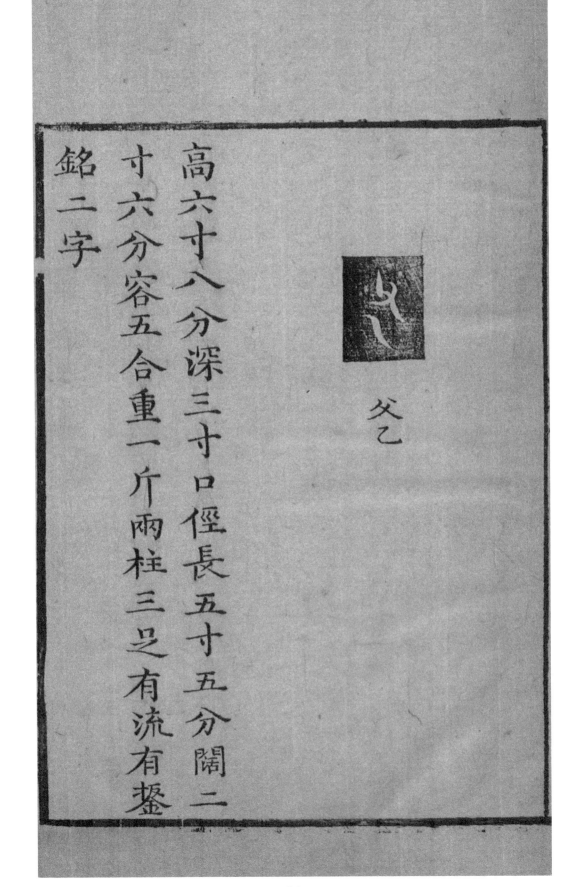

右商之君稱乙者六曰報乙者成湯四世祖也曰天乙者成湯也於後則又有祖乙小乙武乙太乙是諸器皆曰父乙蓋出乎此而未知其决爲何乙耳然諸器所同者咸以牛首爲饕以雲紋爲柱其小異者或有雷紋雲氣饕餮蟠夔之飾視其簡古不煩真商物也

商祖乙爵

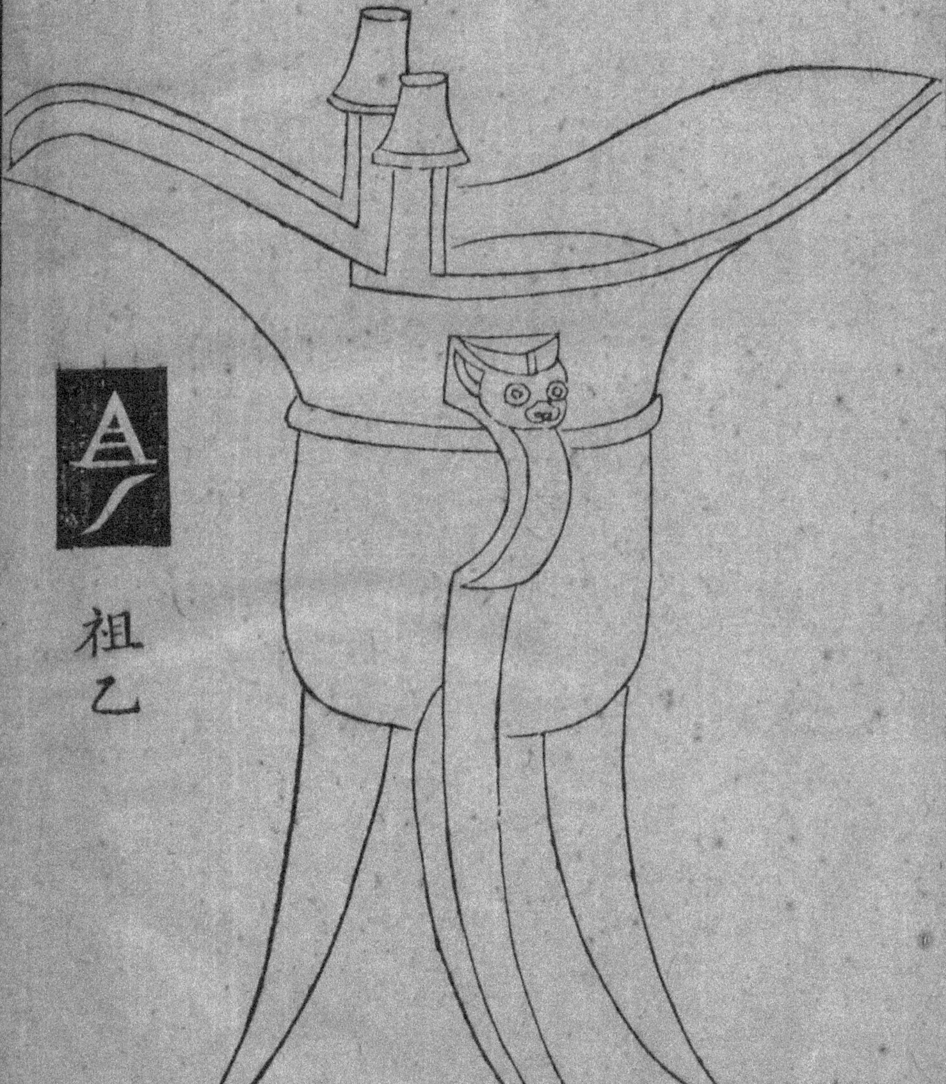

祖乙

博古十四　十五

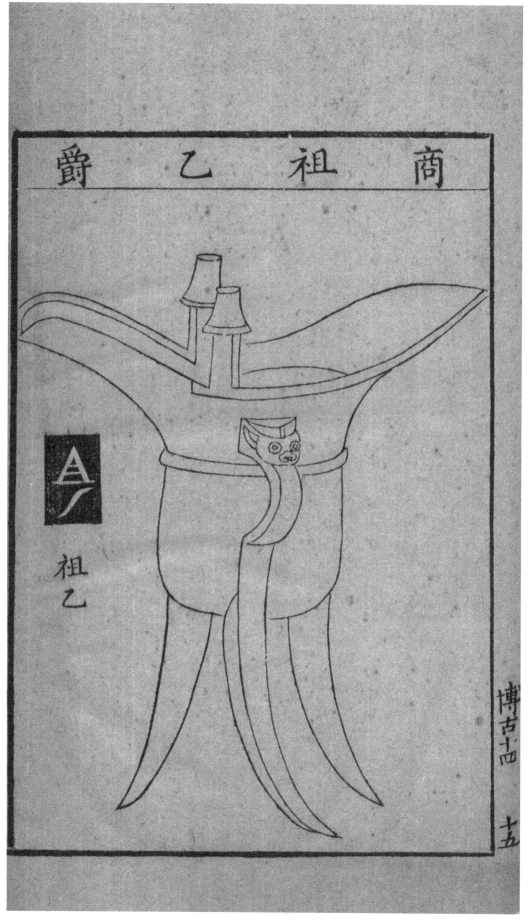

右高七寸深二寸八分口徑長五寸闊二寸七分容三合重一斤一兩兩柱三足有流有鋬銘二字且商之君以乙名者不一而祖乙與一焉肰諸爵之銘有曰父乙盖謂報乙天乙小乙武乙之君也其子銘之故云父乙此獨曰祖乙則謂成湯以來十四世之君曰祖乙者是也按士虞禮主婦洗足爵釋者謂有足無文而是器純古畧不加飾兹所謂足爵者歟

商祖丙爵

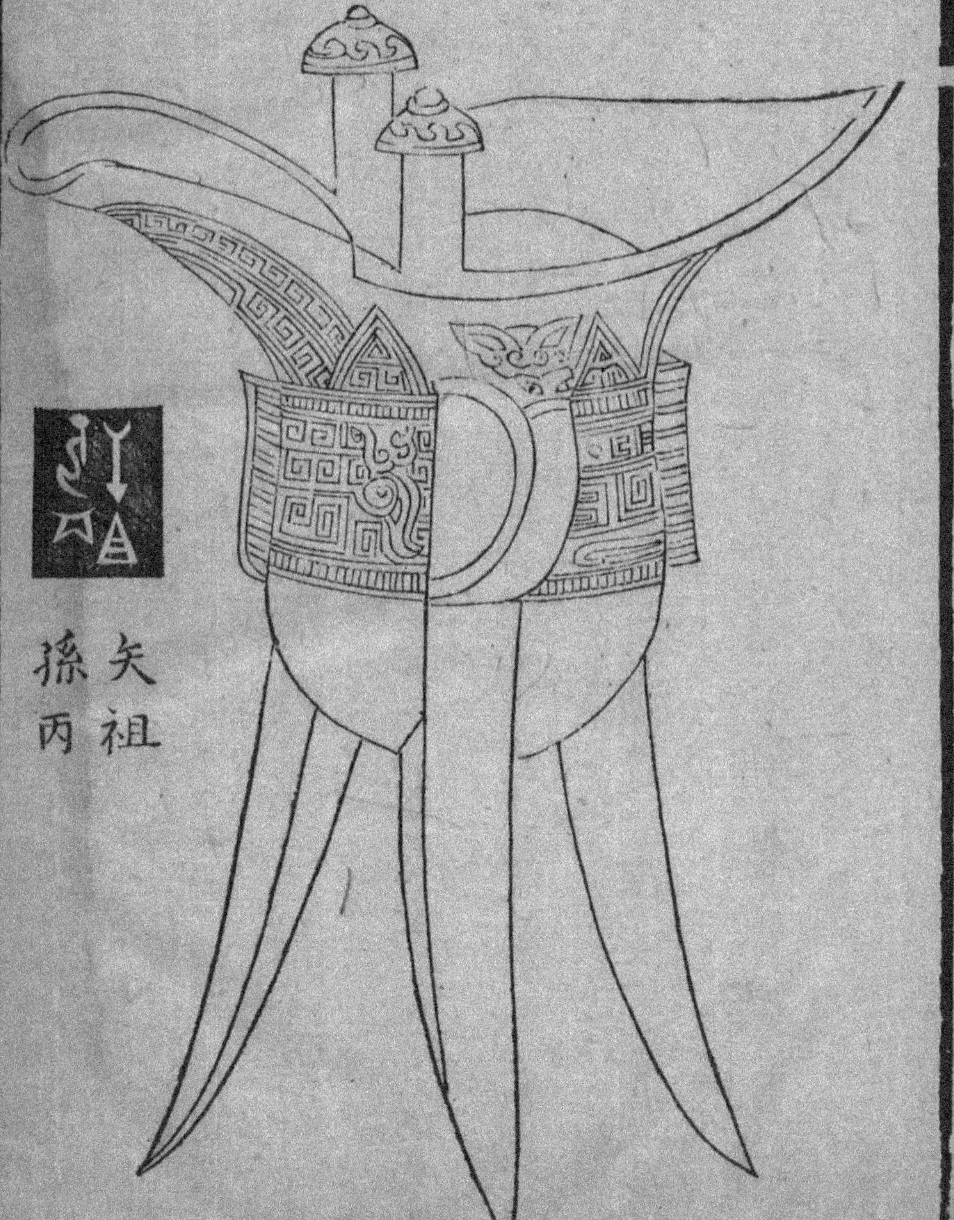

矢祖
孫丙

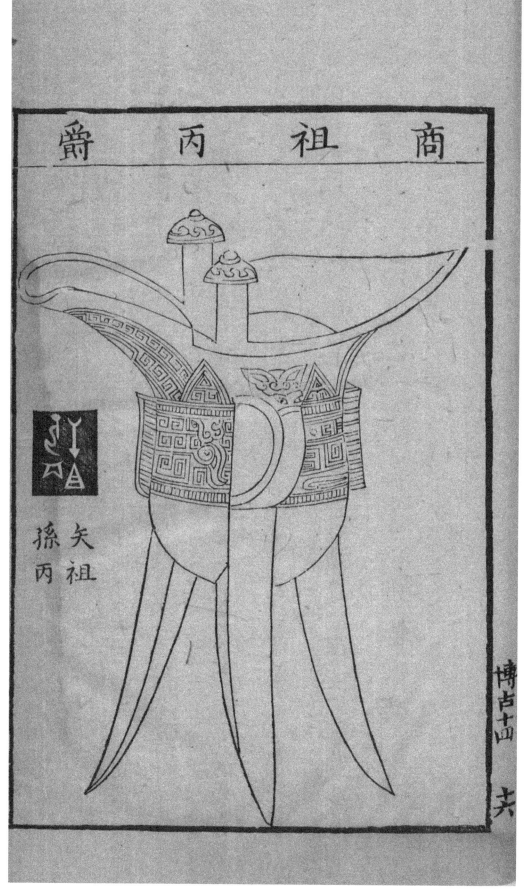

右高六寸五分深三寸二分口徑長五寸五分闊二寸六分容五合重一斤五兩兩柱三足有流有鋬銘上作矢形旁爲一孫字其下著祖丙焉商世之君類以十日銘其器而配以乃祖乃父則此爵亦其一耳古之諡者入柬矢以自明其直則矢有直之義況於爲之孫者固當直己以從祀事於乃祖茲取以寓其意也

商父戊爵

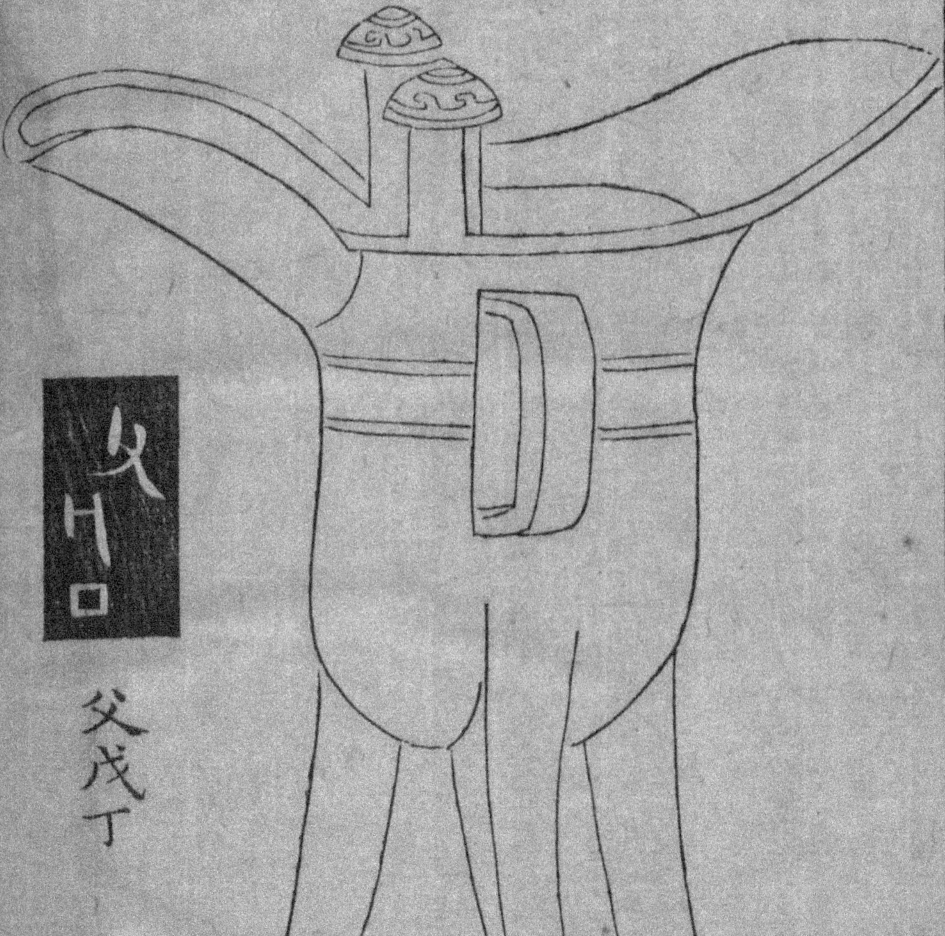

父戊丁

右高六寸四分深三寸口徑長五寸六分闊一寸六分容三合有半重一斤兩柱三足有流有鋬銘三字曰父戊丁夫戊者謂太戊也丁則紀其日耳先王之時外事用剛日內事用柔日所謂剛日則甲丙戊庚壬是也所謂柔日則乙丁己辛癸是也宗廟之祀內事也此所以用丁日歟是器純尨之質樸而不彫蓋原其時則商物也故其製作近似之

商祖己爵

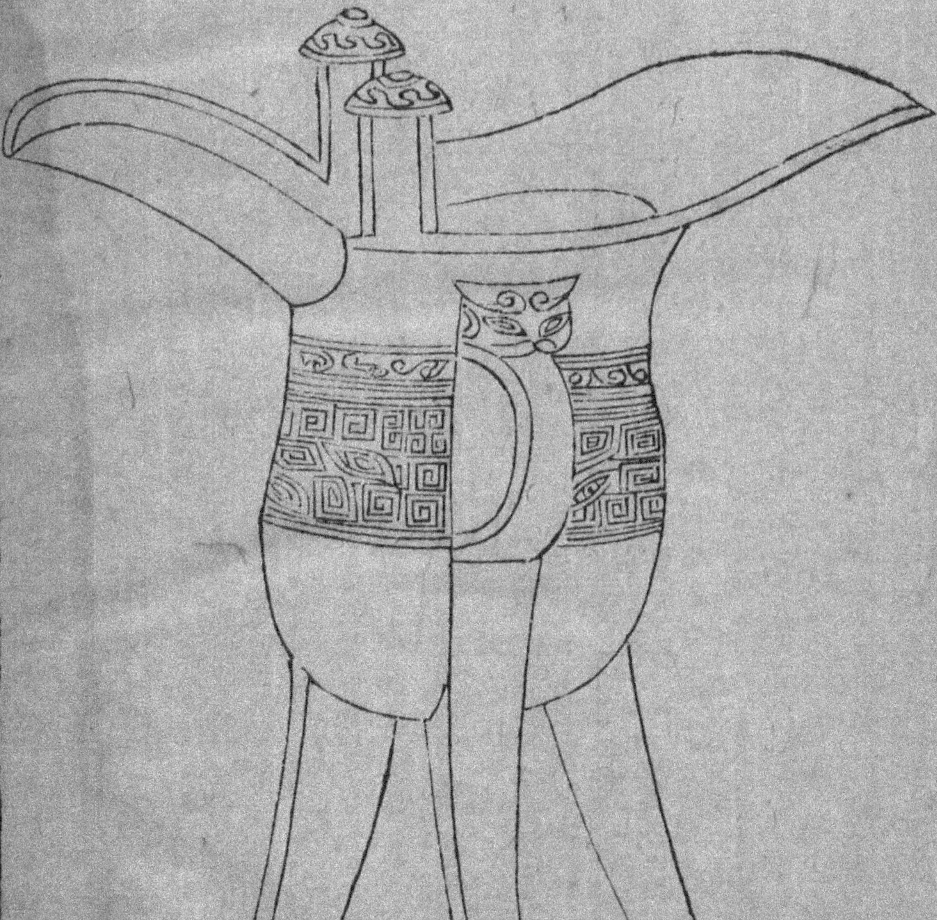

祖乙

右高七寸三分深三寸一分口徑長六寸四分闊二寸九分容四合重一斤七兩兩柱三

足有流有鍪銘二字曰祖巳按商有雍巳闕二字祖巳此曰祖巳以見其孫之所作也且三代之器銘載不一肰愈簡為愈古愈詳為愈近此夏商周之辨也道降而下辭費而巳故周人作會而民始疑蓋會出於不信矣若夫大信不約故不言可也此墟墓之間未施哀而民哀社稷宗廟之中未施敬而民欽者是所謂愈簡而愈古者也質是器豈茍云乎哉

商守父丁爵

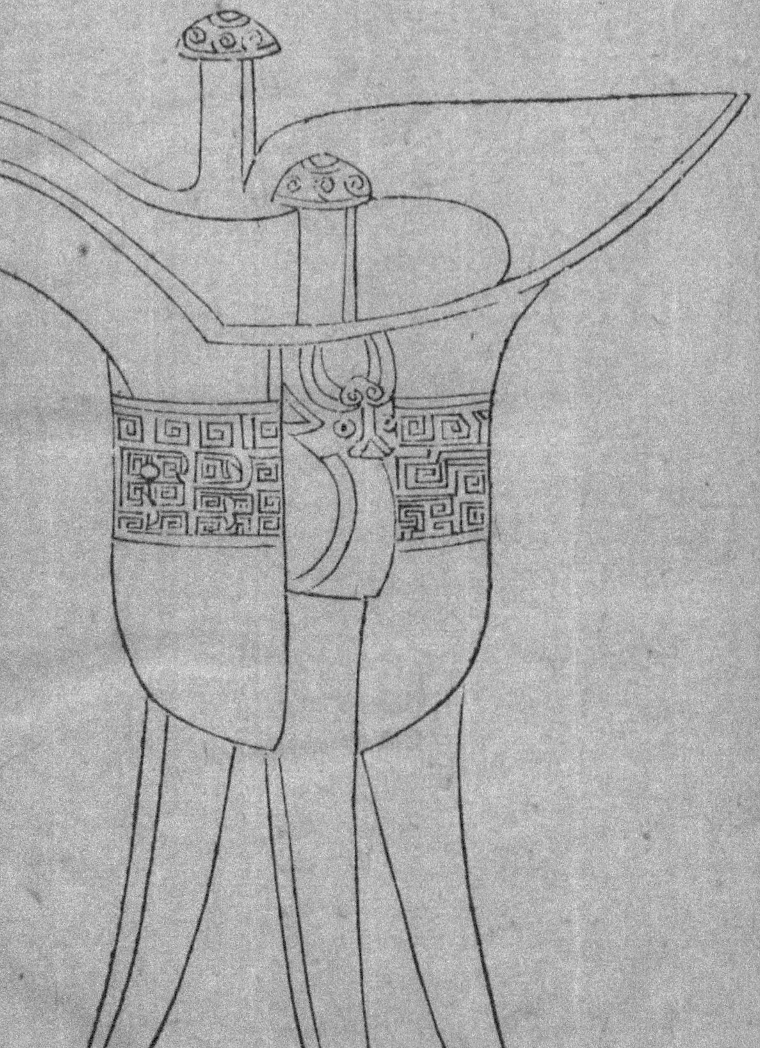

守父丁

商飲父丁爵

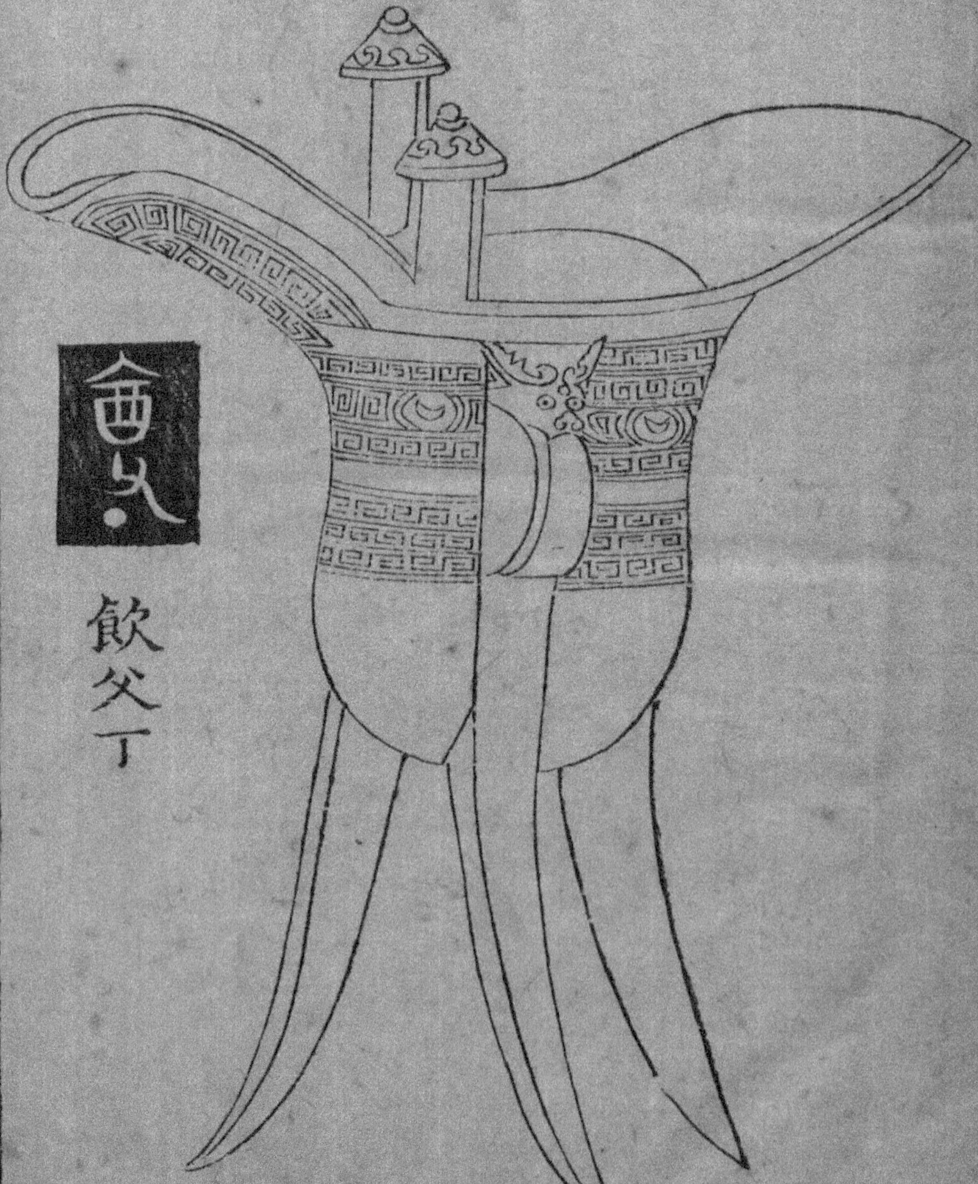

飲父丁

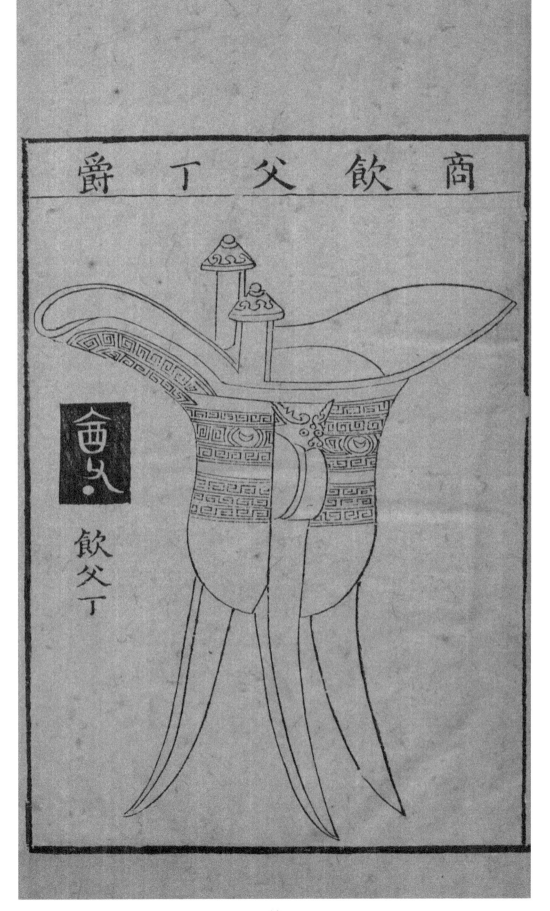

第一器高七寸五分深三寸口徑長三寸九分闊二寸八分容三合有半重一斤四兩兩柱三足有流有鋬銘三字

第二器高六寸九分深三寸一分口徑長六寸一分闊二寸七分容四合重一斤二兩有半兩柱三足有流有鋬銘三字

右二器一曰守父丁言子之爲父丁作也曰守者又示其持盈守成善繼志述事之義易

所謂守器者莫若長子是也一曰飲父丁者
所謂以飲平公者是歟器以載銘銘以立義
視其器而求其義則知古人所以制作豈徒
然哉

商斧爵

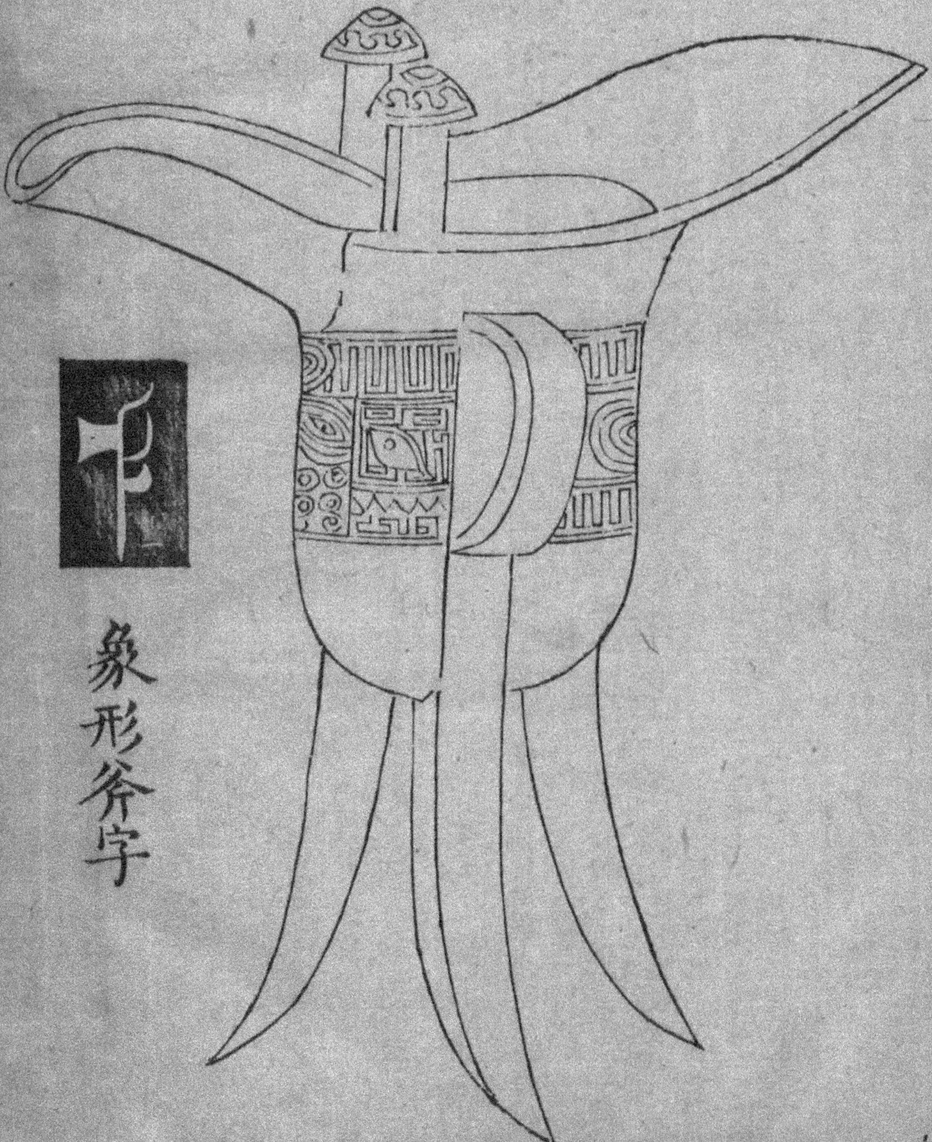

象形斧字

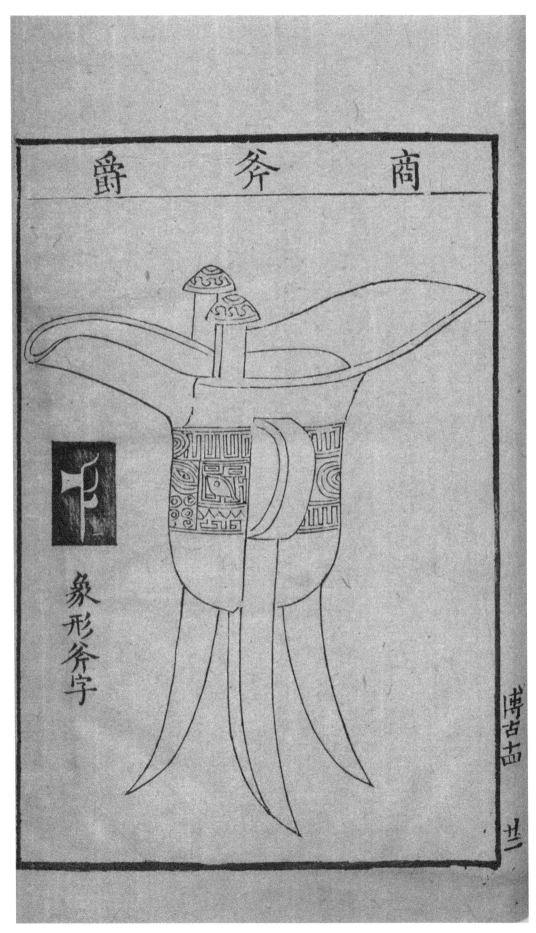

右高六寸六分深三寸口徑長五寸七分闊二寸七分容三合有半重一斤三兩兩柱三足有流有鋬銘一字作斧形按天子之服十二章而黼作斧形蓋斧之為意取其有斷唯有斷則剛足以立我而不流於沈湎亦飲者之戒也且禮始於飲食之初故汙尊杯飲而禮已在焉今斧作畫形書體未易蓋禮之所藏器已備矣豈在夫曲禮三千而後見諸鋪筵設几之虛文哉

商子孫巳爵

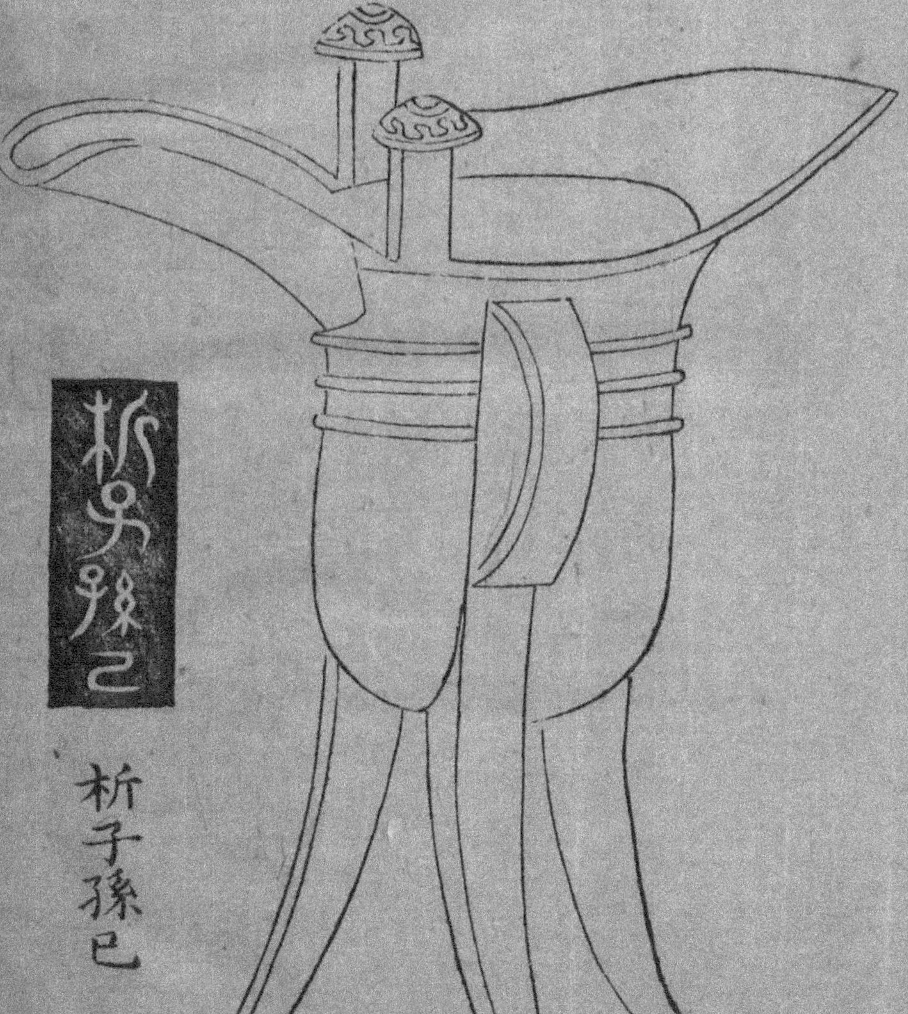

析子孫巳

右高六寸五分深三寸一分口徑長五寸七分闊二寸六分容四合重一斤二兩兩柱三足有流有鋬銘四字曰析子孫已爵以飲福貽之子孫者故曰析子孫析之義蓋取夫斂之則在我析之則在下曰已者商之君號有曰雍已也夫為人後之道能享其祖考則是乃所以来其福嘏耳銘之於宗廟之器宜哉

商子爵一

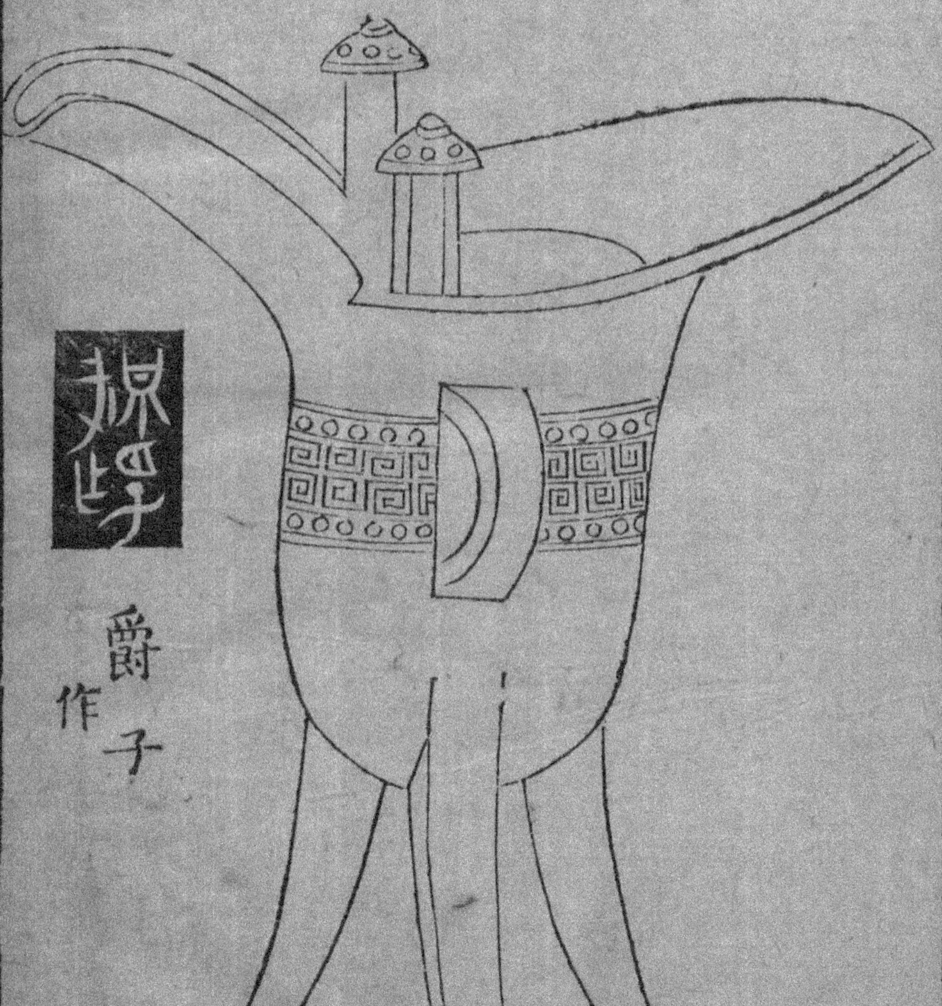

爵子
作

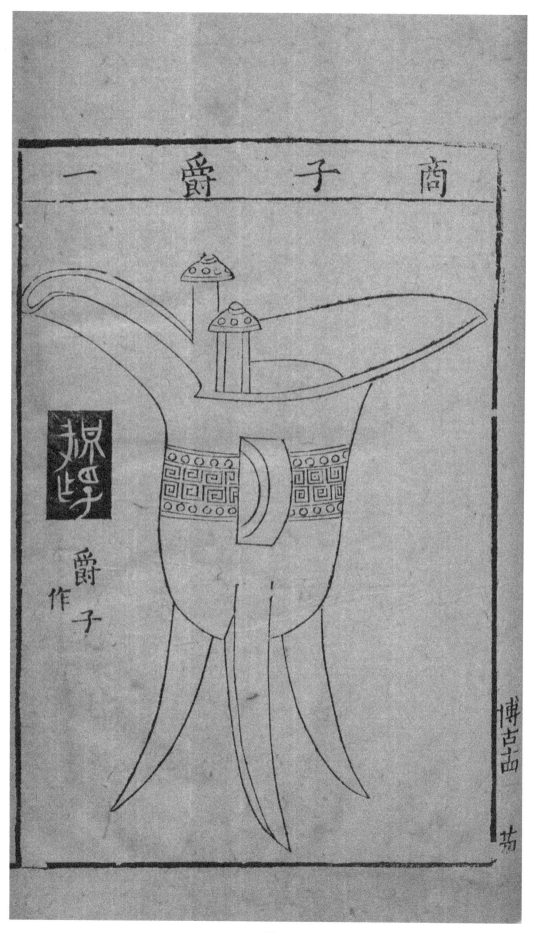

商子爵二

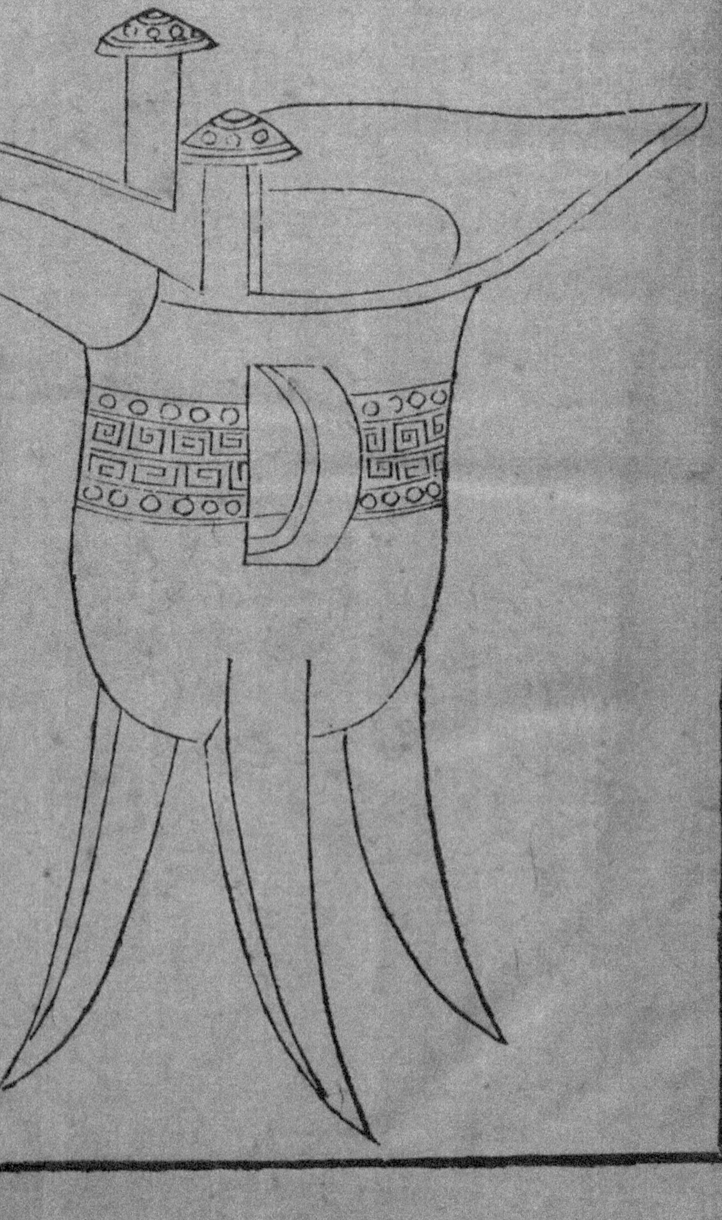

子

父壬

前一器高六寸七分深三寸一分口徑長五寸一分闊二寸四分容三合重一斤四兩兩柱三足有流有鋬銘五字

後一器高六寸五分深二寸九分口徑長五寸闊二寸四分容四合重十有四兩兩柱三足有流有鋬銘三字

右前一器銘五字所可辨者子與作二字而已後一器三字曰子父壬嘗攷諸姓夏后氏

曰姒商曰子周曰姬皆以其祖賜姓於君故子孫得而承之然而論三代之祖則一出於黃帝夏之祖昌意商之祖契周之祖稷皆黃帝之子孫也黃帝四世而禹始有夏又十七世而湯始有商又十九世而武王始有周其三代未有天下之初則皆始封為諸侯於是賜姓此所以有姒子姬之異姓也商之器大抵多銘一子字著國姓也曰壬則商之君有仲壬外壬此銘父壬故知為商爵無疑

商己舉爵一

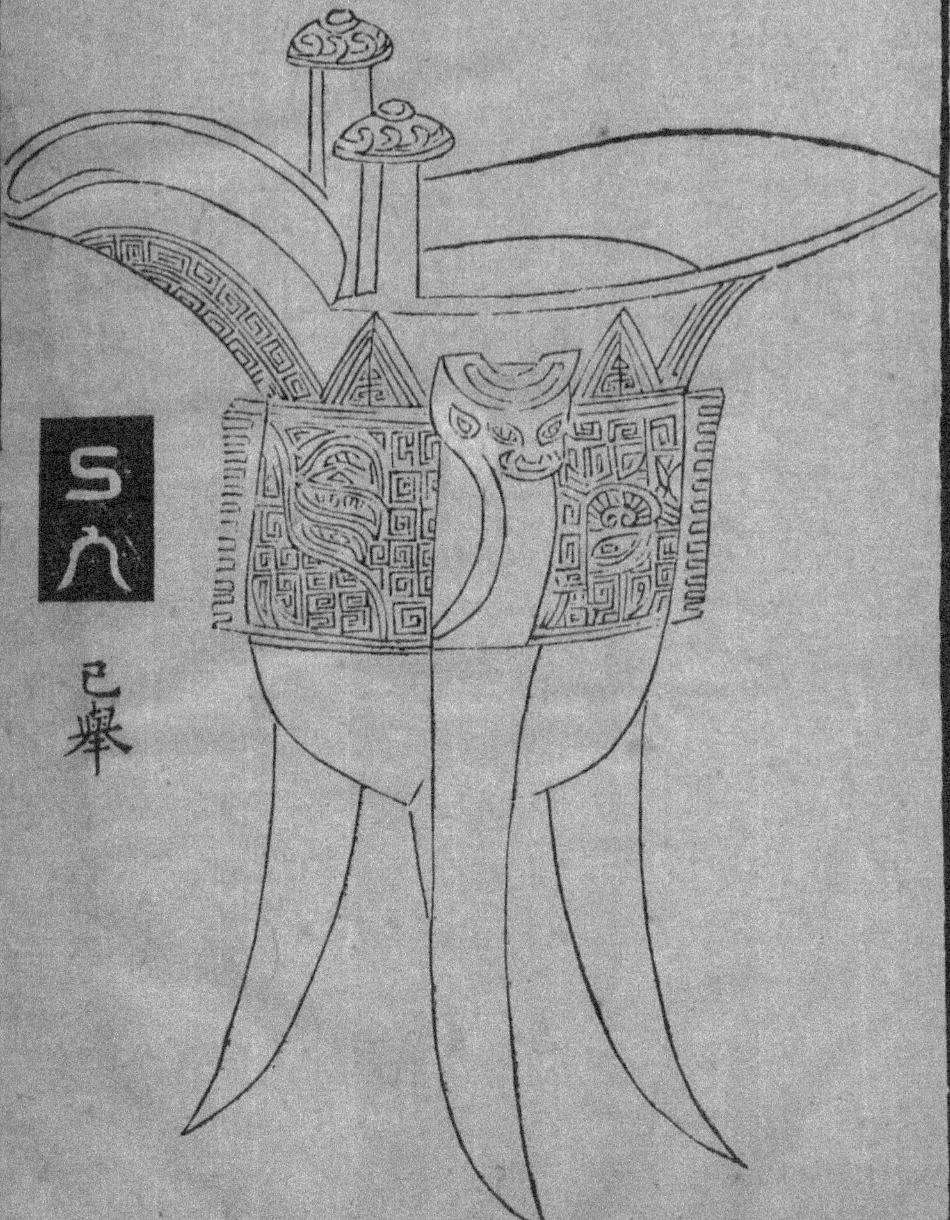

己舉

商己舉爵二

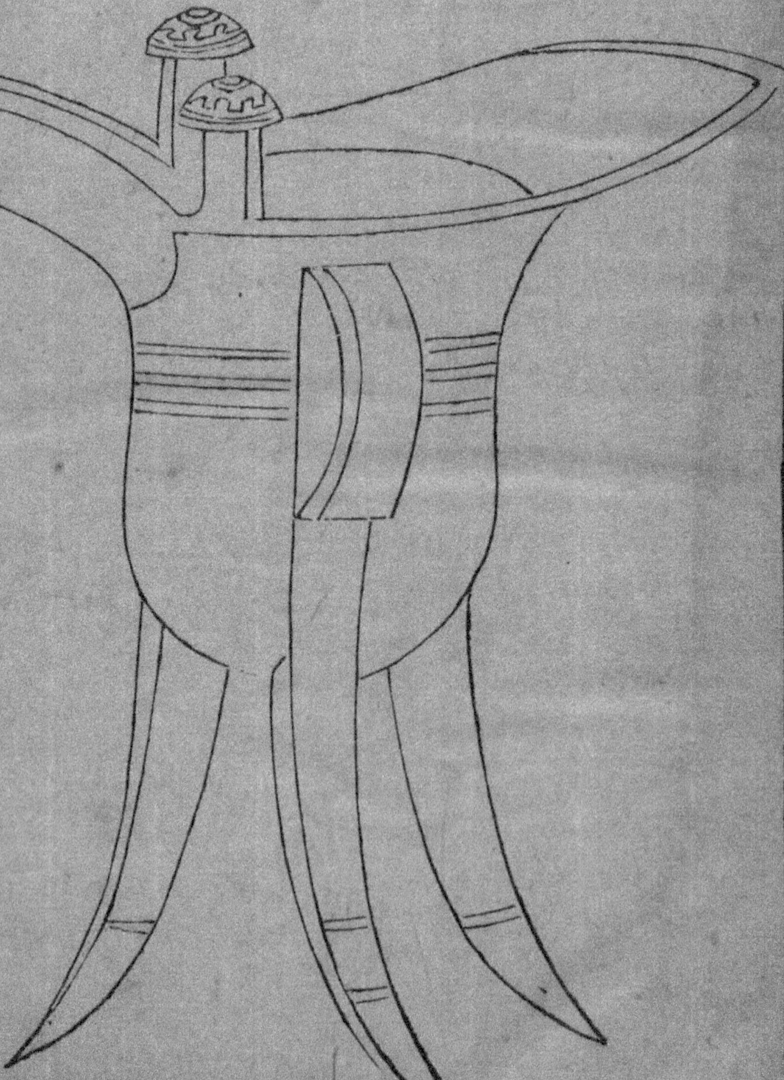

巳舉

前一器高七寸三分深三寸三分口徑長六寸闊二寸六分容四合重一斤十兩兩柱三足有流有鋬銘二字

後一器高七寸深三寸口徑長五寸九分闊二寸六分容三合重一斤六兩兩柱三足有流有鋬銘二字

右二器皆曰已斝已者商之雍已也斝者因獻酬而斝之故名其器曰斝至如尊罍鼎彝

其銘通謂之彝者蓋此類耳

商車爵

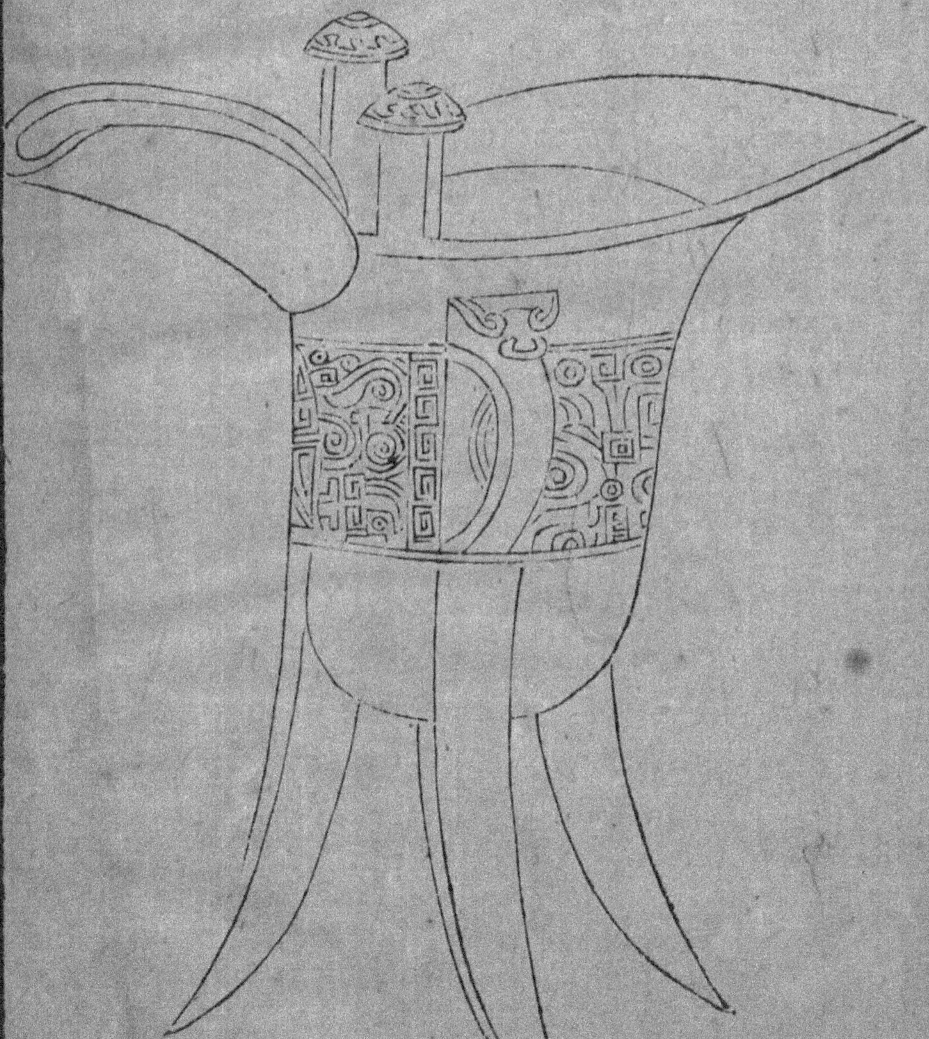

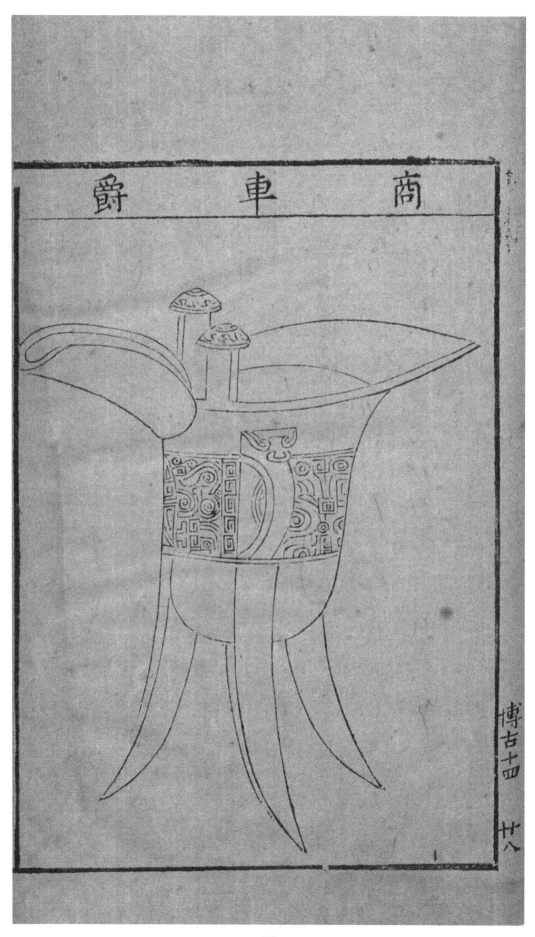

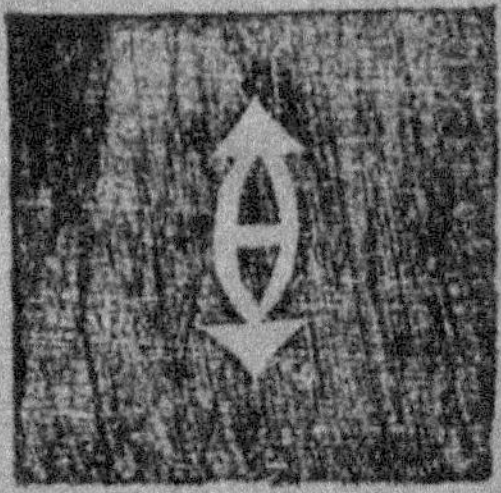

車

右高五寸五分深二寸七分口徑長四寸八分闊二寸四分容三合重十有五兩兩柱三

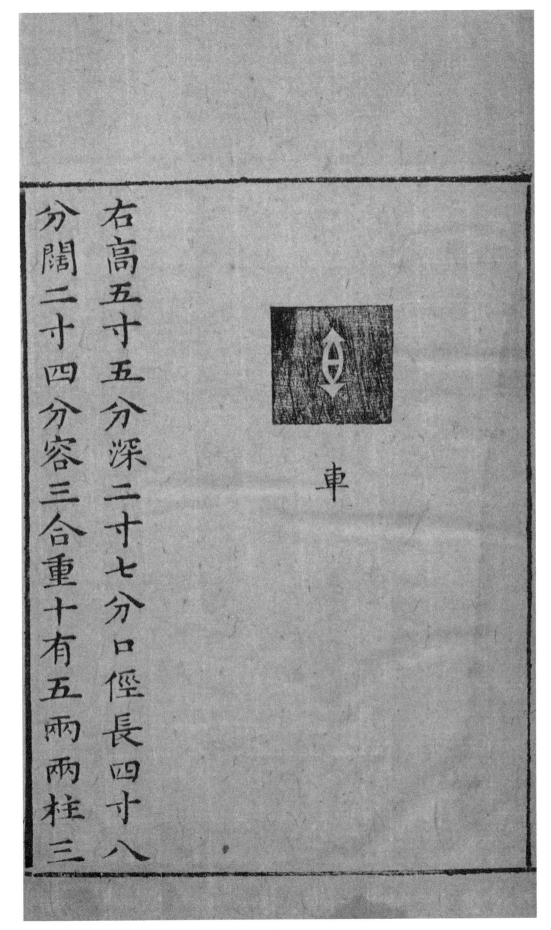

足有流有鋬銘一字曰車以牛首為鋬柱上加雲紋流尾與足並皆純素兩面作饕餮而雷紋間之先王之時凡誥戒於酒無所不致其嚴若銘之以車則豈無其義蓋車有量酒亦有量也車載禮酒亦載禮也然則一醉日富鮮克由禮多見其不知量者豈不如覆車之有戒耶蓋以車銘之不徒設也

商秉仲爵

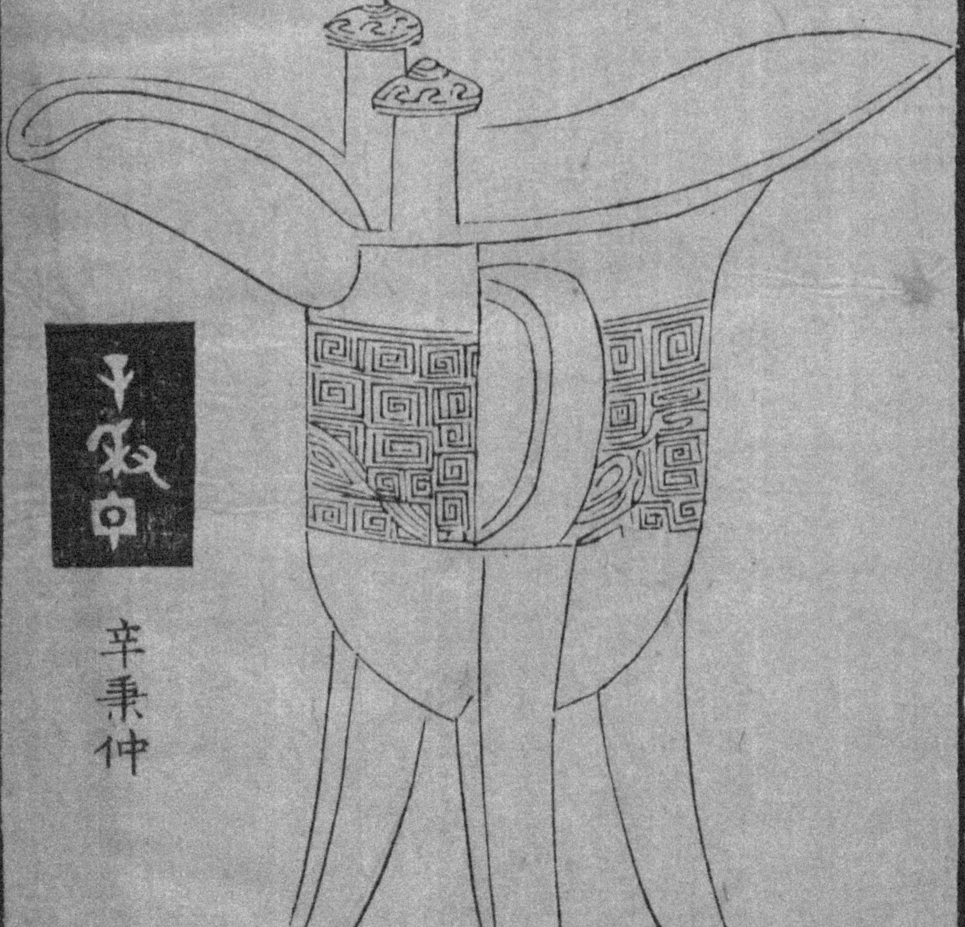

辛秉仲

右高六寸二分深三寸一分口徑長五寸二分闊二寸六分容五合重一斤二兩兩柱三足有流有鋬銘三字曰辛秉仲是器流尾與足純素無紋兩邊作饕餮狀間以雲雷夫辛者紀其日也秉仲無所經見而秉者疑其爲名仲則伯仲之稱也前有秉仲鼎而此亦曰秉仲正一類物耳

商父壬爵

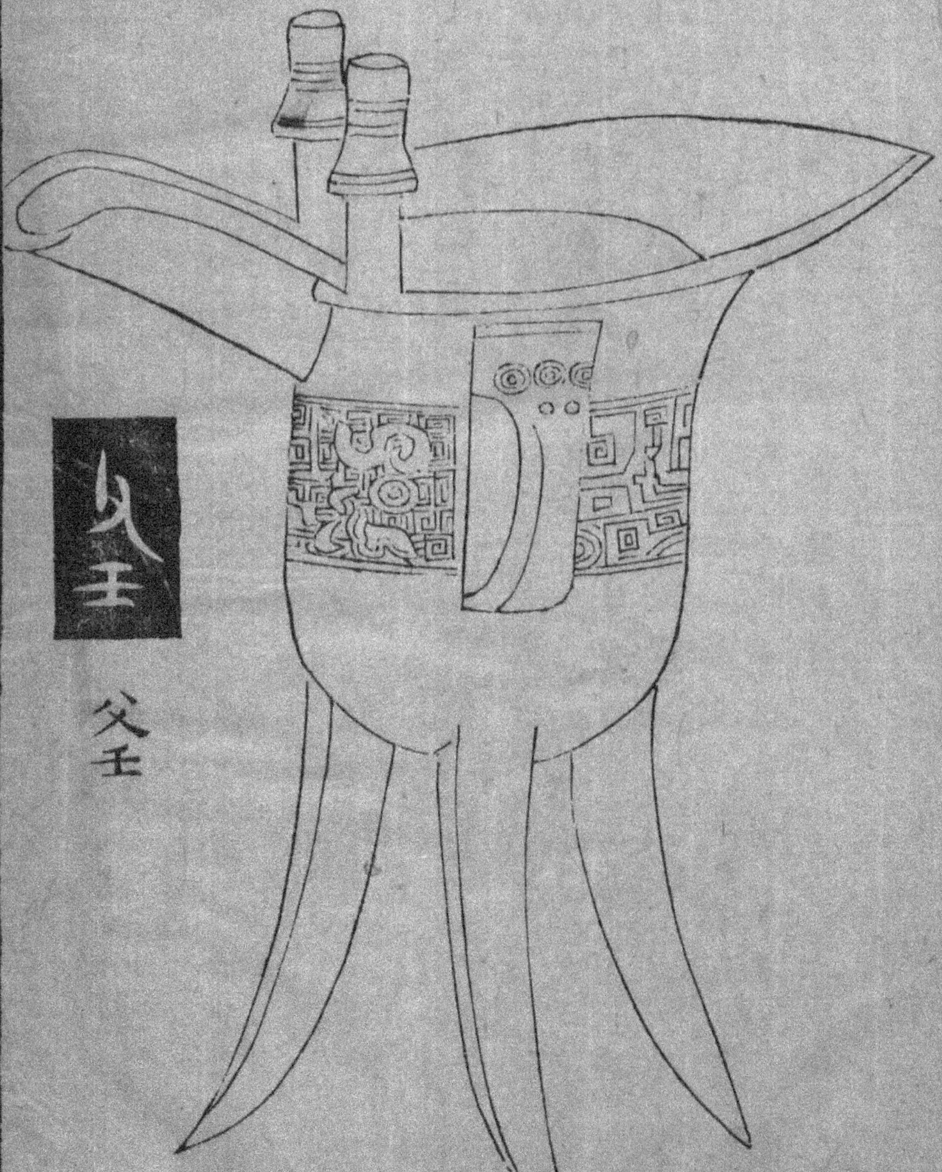

父壬

右高七寸三分深三寸一分口徑長五寸七分闊二寸七分容五合重一斤四兩兩柱三足有流有鋬銘二字曰父壬按商之君有曰仲壬其子曰太甲有曰外壬其子曰祖乙是器必太甲祖乙為其父而銘之肰二君未知其孰是也

商庚爵

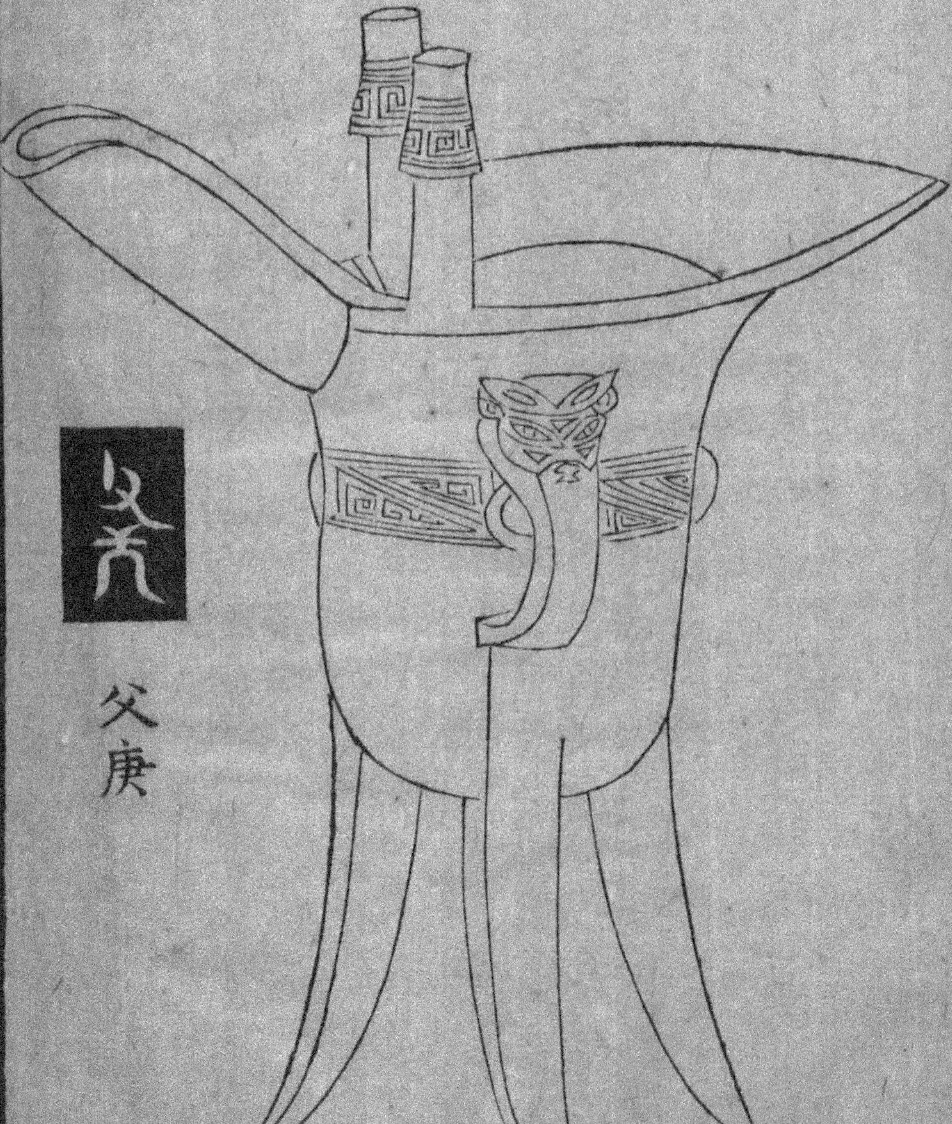

父庚

右高八寸深三寸三分口徑長五寸七分闊二寸七分容四合有半重一斤七兩兩柱三足有流有鋬銘二字按商紀有太庚南庚盤庚祖庚而此謂之庚者必出於是肰言庚者自銘也且商庚鼎庚之字作□而取形於垂實蓋庚位西方象秋時萬物庚庚有實字適相同比庚鼎字形為已變矣蓋世之相去有先後故字畫亦因世而為損益也

商父癸爵

父癸

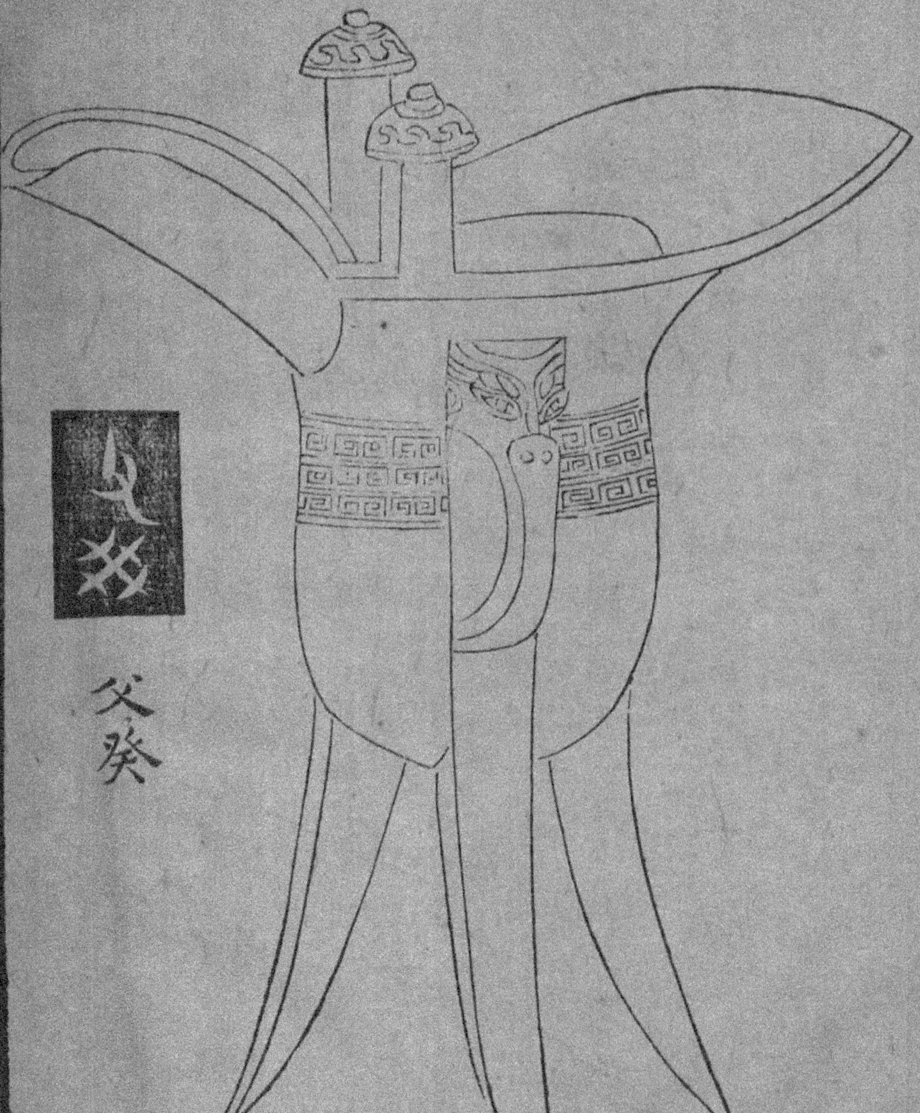

右高五寸五分深二寸九分口徑長五寸五分闊二寸五分容五合重一斤一兩兩柱三足有流有鋬銘二字曰父癸者即商成湯之父蓋子為父作於祭享燕饗之間著癸以正名也

商中爵

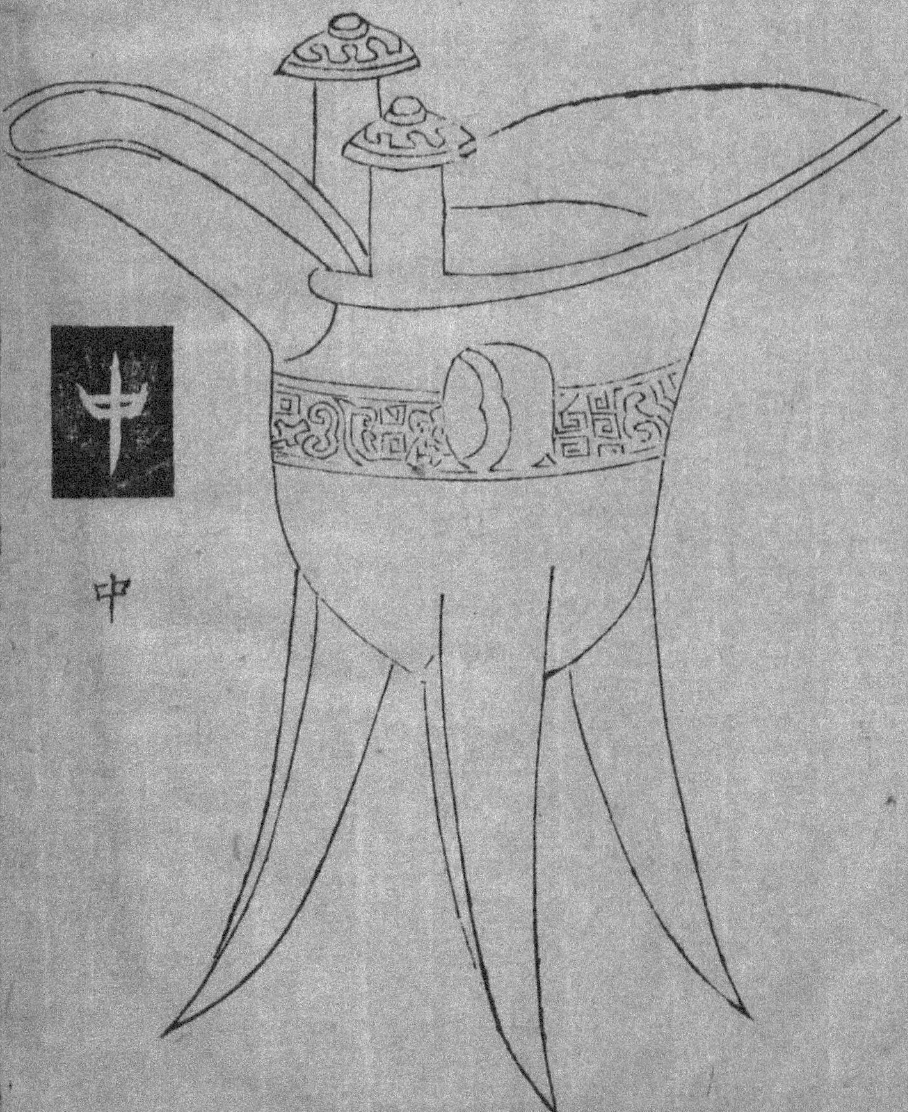

中

博古圖　出

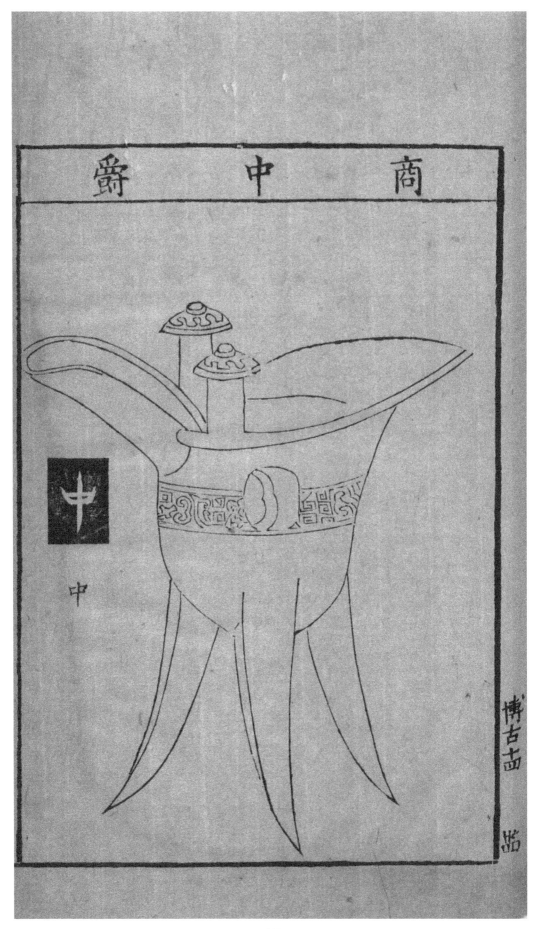

右高六寸深二寸九分口徑長五寸闊二寸五分容四合重十有二兩兩柱三足有流有鋬商人作器尚質而字畫亦簡古非若周之彝器緐猒成文故是器特銘一字曰中而已中之為義王安石釋中字云上以交乎下下以交乎上左以交乎右右以交乎左則以禮為飲者其上下左右中於勸酬交舉無過不及之咎也蓋其語簡則義微故耳

商尊癸爵

尊癸

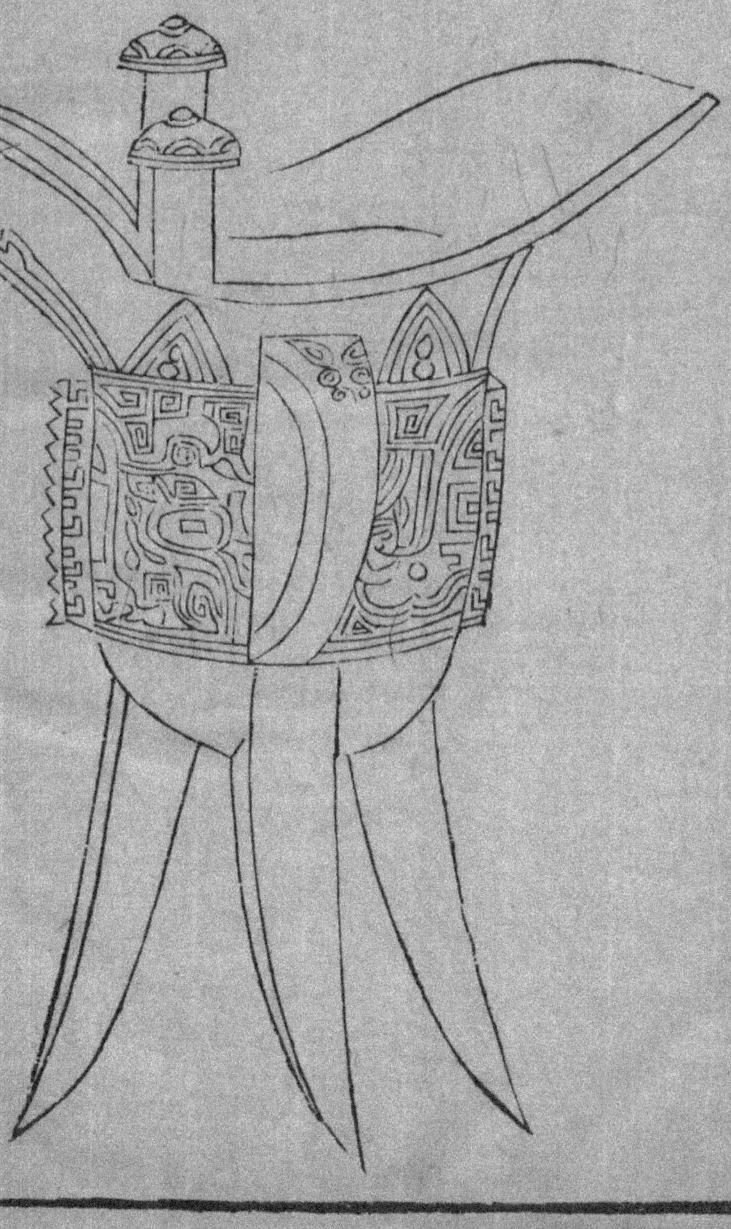

右高六寸五分深三寸口徑長五寸闊二寸六分容四合重一斤兩柱三足有流有鋬銘二字曰尊癸按癸者成湯之父此商器宜以是識之然又以尊銘之者則王安石解六尊所謂尊居其所而爵從之也蓋舉彼則知此焉是器兩面作饕餮而間以雲雷上為山形以牛首為鋬三足純素柱上復作雲紋銘飾簡古真周以前物也

商雷篆爵

象爵形

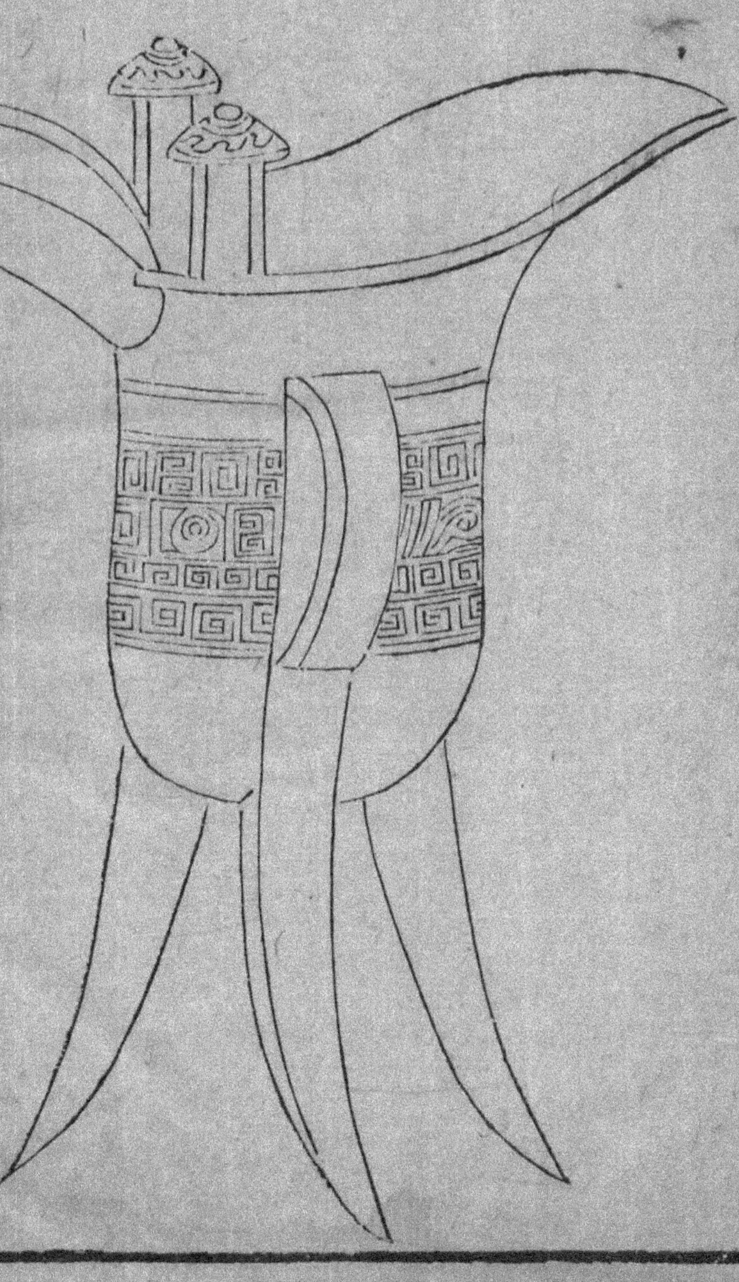

右高六寸七分深三寸四分口徑長六寸二分闊二寸七分容四合重一斤五兩兩柱三足有流有鋬銘一字象爵之形而文鏤回轉若古文雷字昔人雖飲食之末尤謹扵禮故飲器多取雷象蓋雷也者養神扵冬而起用扵震其動也時故易有山下雷頤之象頤者養也酒以養陽食以養陰過則失所養矣此著雷以爲之戒者凡以示其動惟以時而已

商素爵一

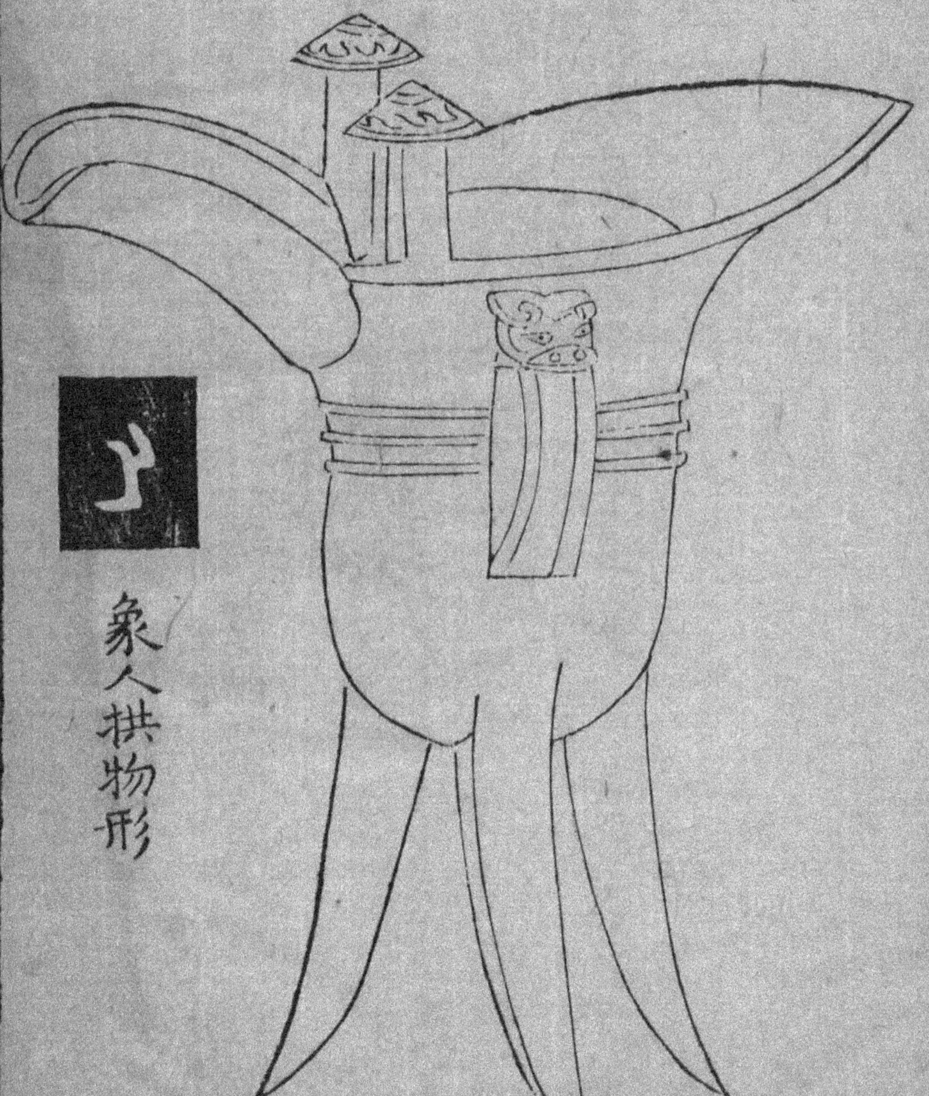

象人拱物形

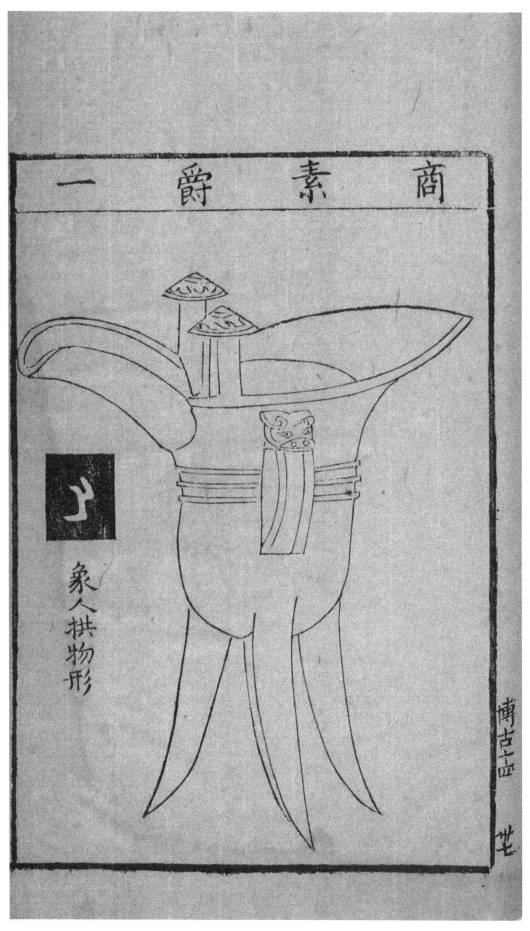

商素爵二

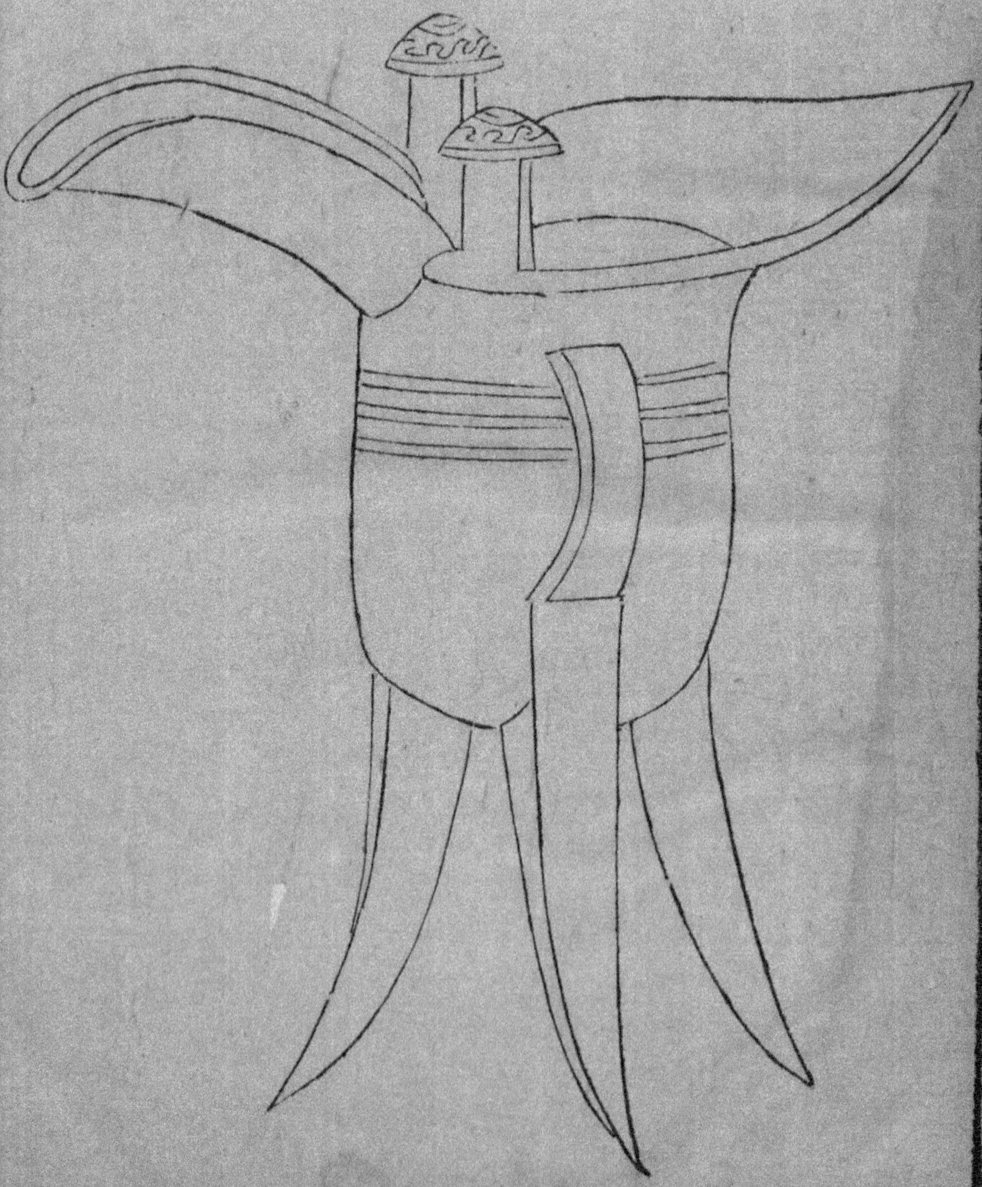

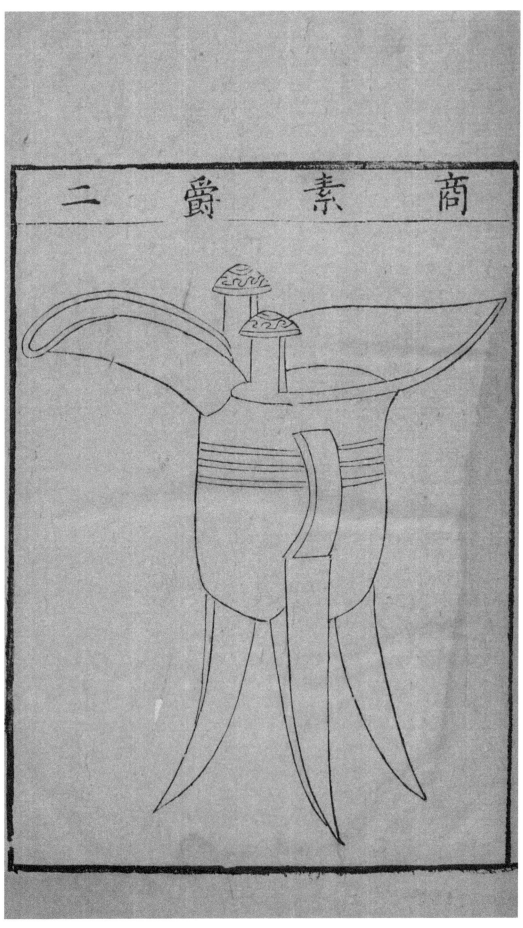

前一器高六寸五分深三寸四分口徑長五寸六分闊二寸四分容四合有半重一斤二兩兩柱三足有流有鋬銘一字
後一器高六寸七分深三寸四分口徑長五寸六分闊二寸五分容四合重一斤一兩兩柱三足有流有鋬無銘
右前一器銘一字象人拱物形近類子字蓋商子姓而凡見於器之銘者頗多如此且王

安后云酒尊居其所而爵者從之盖制字之義酋者在上拱者在下爵之所從亦以下而拱上也後一器無銘款然此二器其體純古無紋質朴渾厚雖銘載或有或無各有所寓要之皆商物也

商繶爵

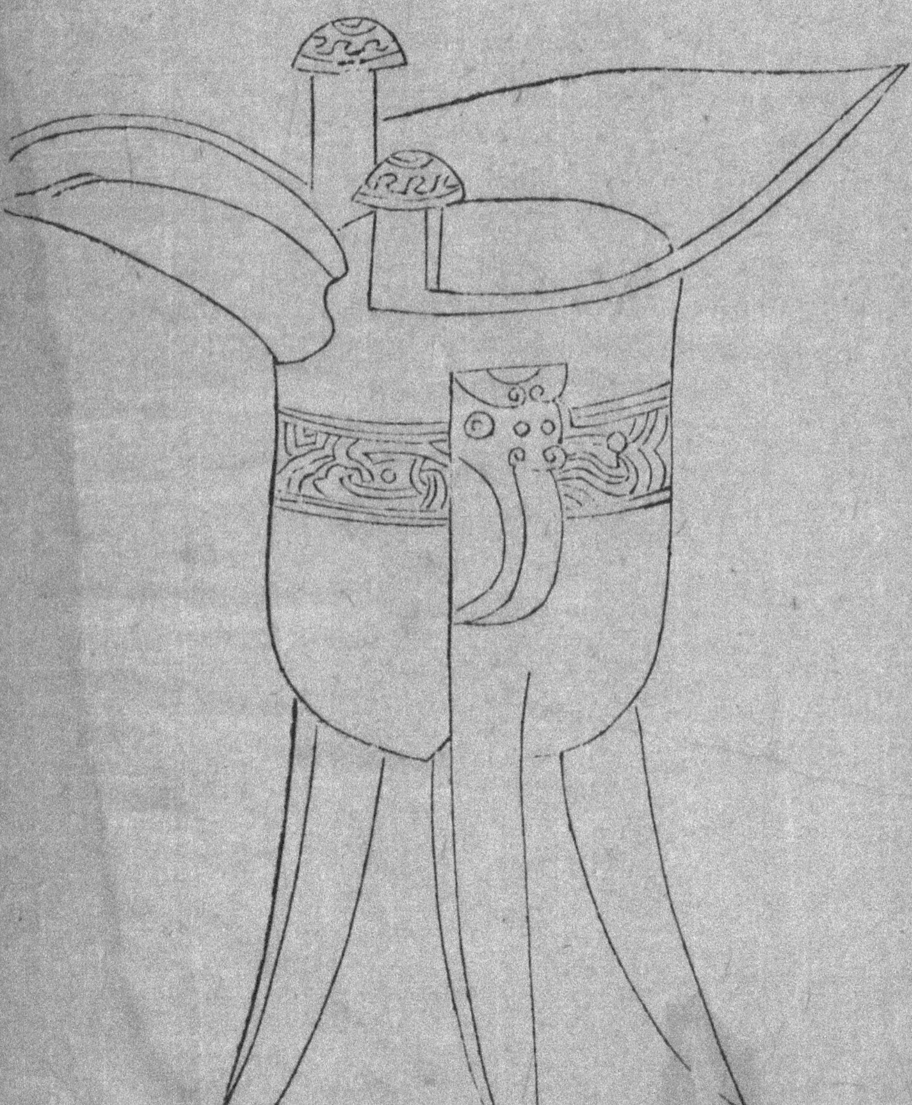

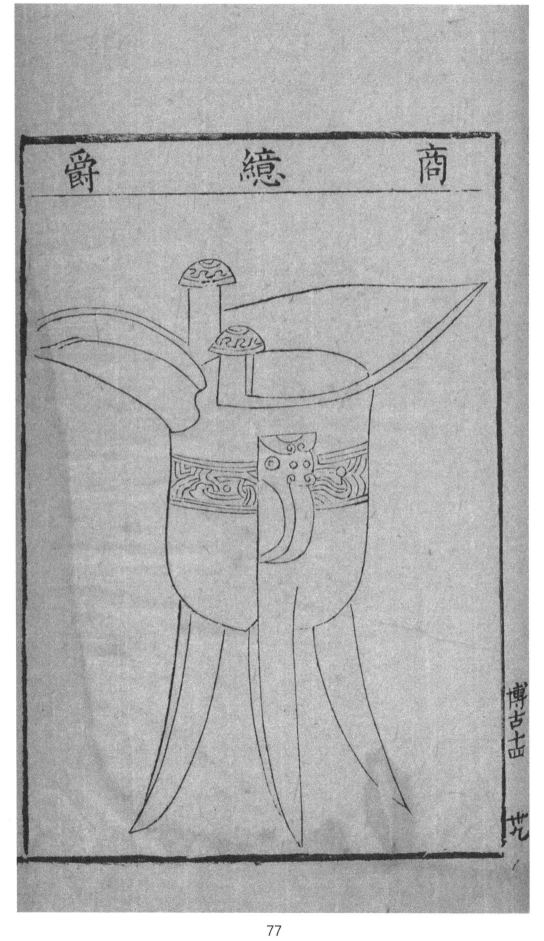

右高六寸四分深三寸一分口徑長五寸八分闊二寸五分容三合重一斤兩柱三足有流有鋬無銘是爵篆飾皆夔龍之象士虞禮所謂繶爵者其是歟爵繶則如屨之繶蓋繶者紃底縫而文在其中故爵之所飾著於口之下足之上正鄭玄所謂口足之間有篆文彌飾者也雖然諸爵非無文也特以是為繶者舉一隅則可以類見矣

商雲雷爵一

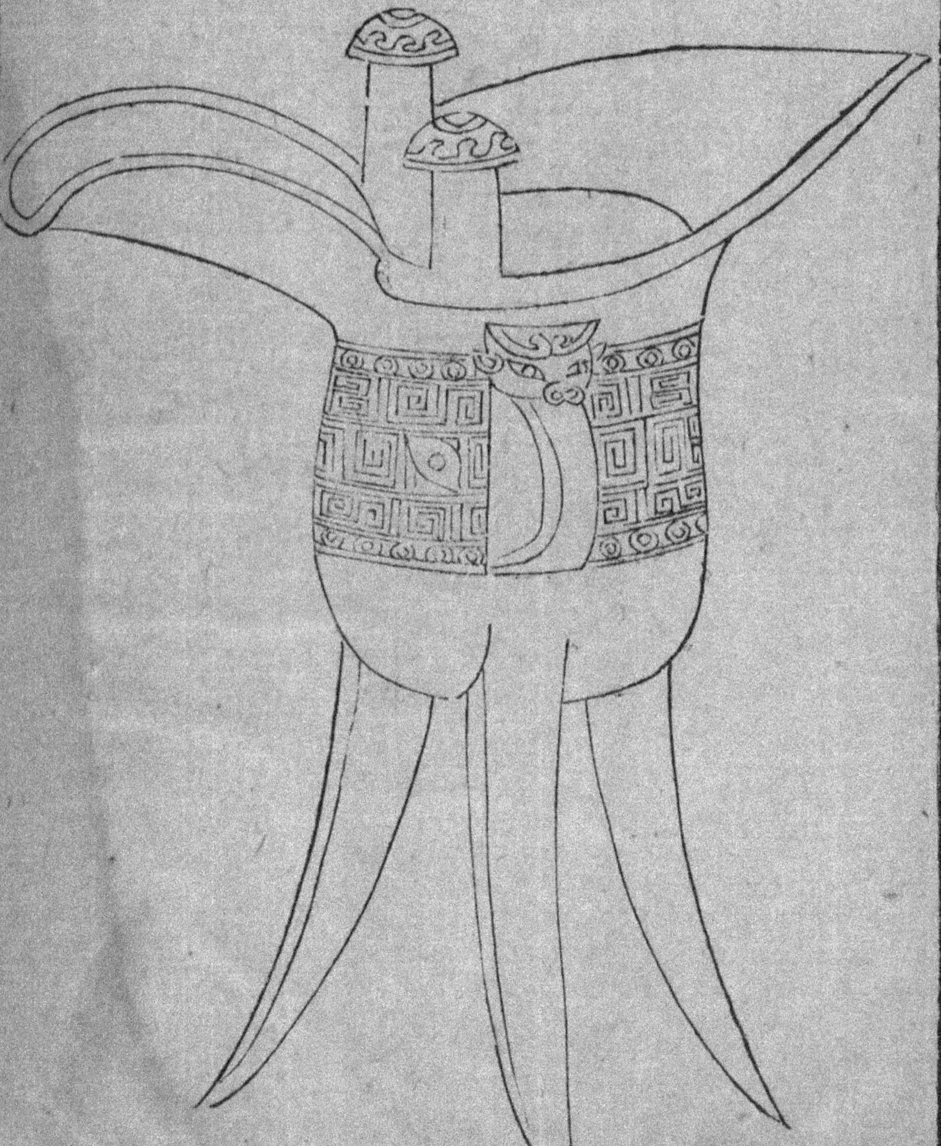

博古十四　四十

商雲雷爵二

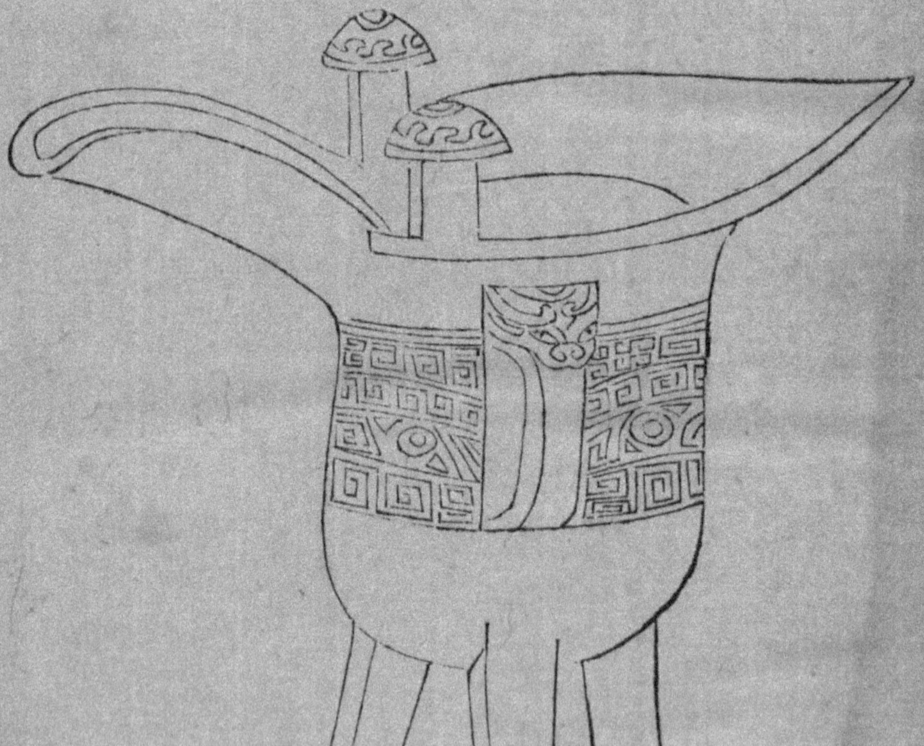

商雲雷爵三

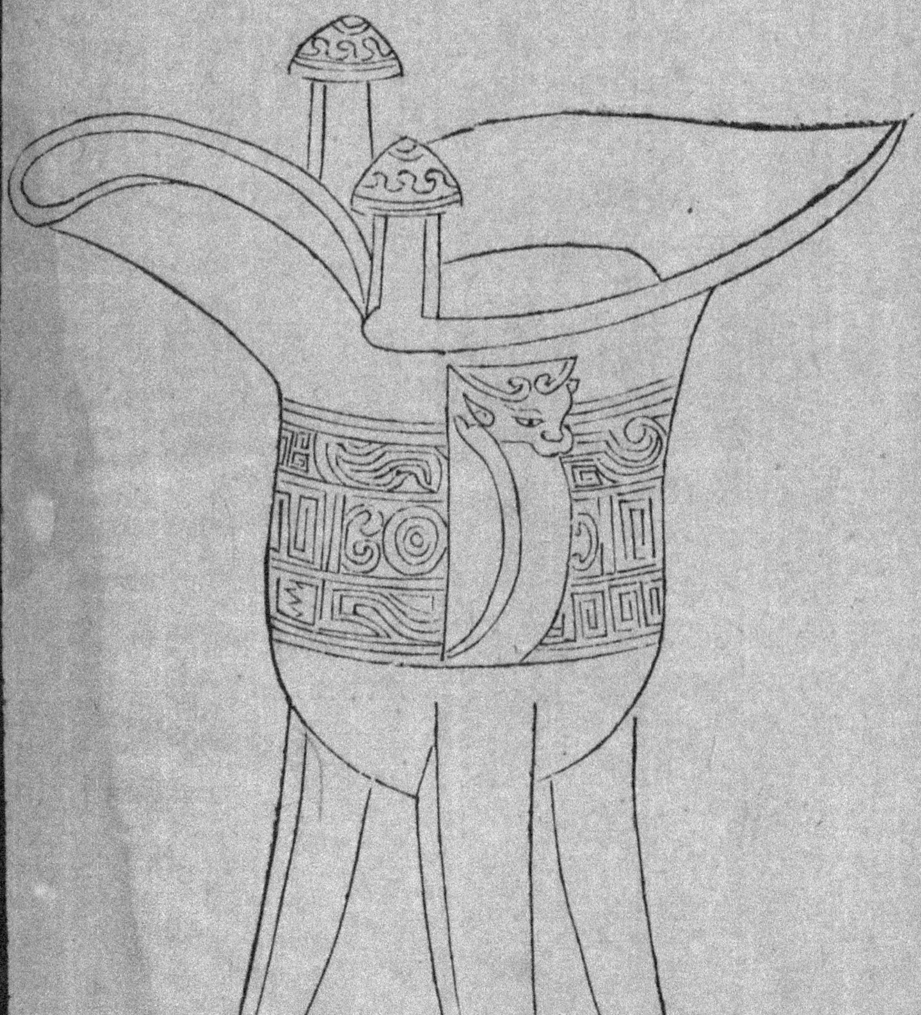

商雲雷爵 四

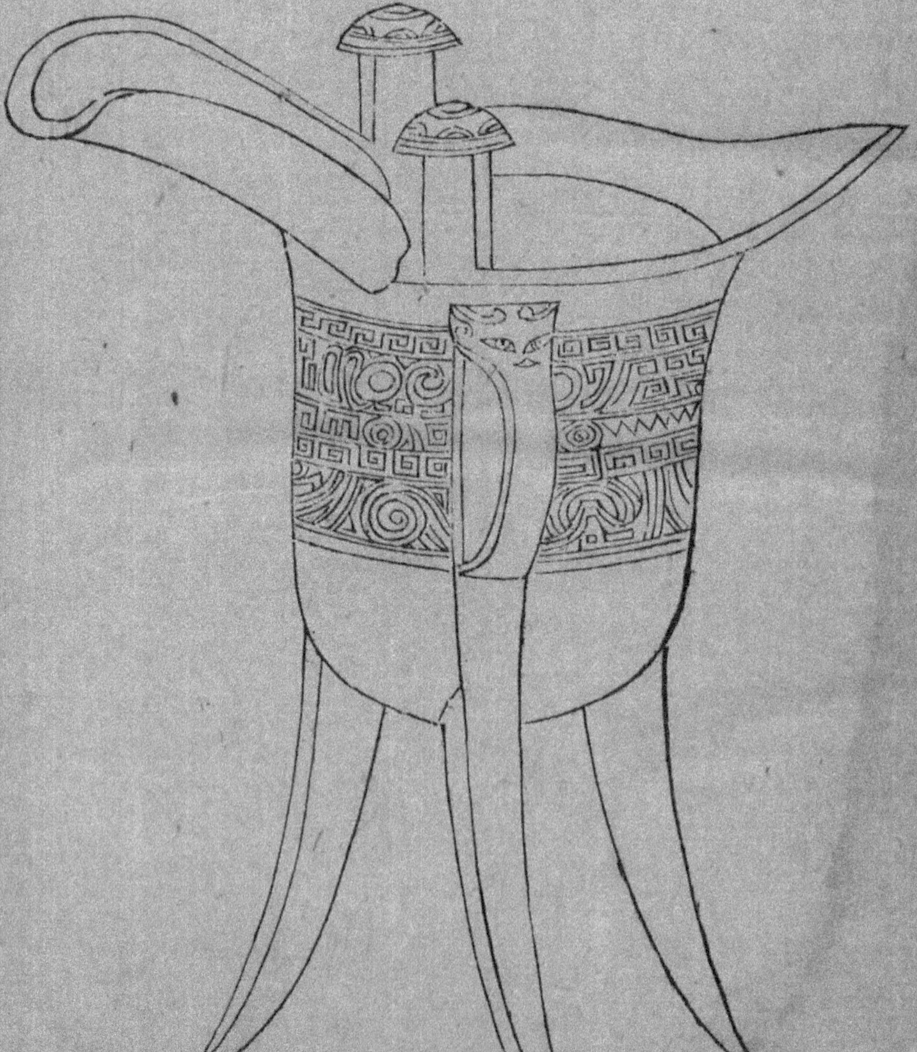

第一器高七寸有半深二寸五分口徑長六寸一分闊二寸八分容三合重一斤二兩兩柱三足有流有鋬無銘

第二器高六寸深三寸一分口徑長五寸二分闊二寸有半容三合重一斤兩柱三足有流有鋬無銘

第三器高六寸九分深三寸四分口徑長五寸七分闊二寸有半容三合重一斤五兩兩

柱三足有流有鋬無銘

第四器高六寸五分深三寸口徑長五寸六分闊二寸六分容三合有半重一斤兩柱三足有流有鋬無銘

右四器制樣蟲鏤若出於一體腹有雲雷爲飾其規模頗類父丁爵意其一時之製也

博古圖錄考正卷第十四

博古圖録考正卷第十五

斝觚斗卮觶角等總説

斝五十一器

周十五器

子乙斝一銘二字

子乙斝二銘二字

父丁斝銘四字

山斝

監夔罍

雷紋罍一

雷紋罍二

饕餮罍

風紋罍

雲雷罍一

雲雷罍二

雲雷罍三

雲雷斝四

雲雷斝五

虎斝

漢一器

虎斝

觚二十五器

商一十六器

合孫祖丁觚 銘四字

子乙觚銘四字

女乙觚一銘四字

女乙觚二銘四字

父乙觚銘三字

木觚銘一字

立戈觚銘二字

奕車觚銘二字

父庚觚銘二字

父舟觚 銘二字

龍觚 銘一字

亞形觚 銘二字

孫觚 銘一字

四象觚

夔龍觚一

夔龍觚二

周一十九器

四山饕餮觚

山紋觚

山雷觚

蟠夔觚

饕餮觚

四虺觚

蟬紋觚

雷紋四山觚

雲雷觚

雷紋觚一

雷紋觚二

雷紋觚三

雷紋觚四

雷紋觚五

雷紋觚六

雷紋觚七

小園觚一

小園觚二

素觚

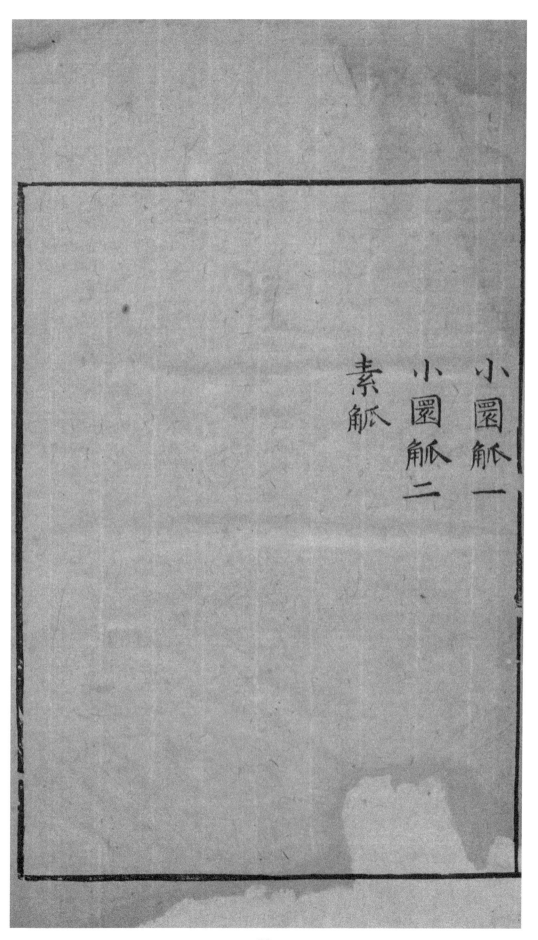

總說

夫告戒不生於理之有餘而起於言之不足大道之世天下為公何嘗切切於是迨夫禮義修於後世之偽法度立於至情之衰故創一器則必有名指一名則必有戒異代因襲不一而是自三王以来各名其一代之器至周則又復推廣猷皆所以示丁寧告戒之若曰斝曰觚曰斗曰卮曰觶曰角之類是也

嘗讀詩至賓之初筵有曰賓既醉止載號載呶其終也至於由醉之言俾出童羖然後酒之敗常有如此者敗常若是安得而不喧哉先王制罍所以戒其喧也又曰側弁之俄屢舞傞傞而繼之以醉而不出是謂伐德然後知酒之敗德有如此者敗德若是安得而不孤哉先王制觚所以戒其孤也至於斗亦法度之所在昔人固有酌以大斗者若成王

養老乞言而載於行葦之詩者也惟卮不見於禮經而莊周謂卮言日出者以其言猶卮之用有反復而無窮焉且玉卮上壽見於漢祖而樊將軍亦有卮酒之賜則知卮之為器其来尚矣若夫觶與角則以類相從故昔之禮學者謂諸觴其形惟一特於所實之數多少則名自是而判焉故三升則為觶四升曰為角及其飲也尊者舉觶卑者舉角如是而

已耳㫋禮失於古遠之後而尊爵飲器之類往往變而用木形製既陋而復加以髹漆赤外黑彩繪華絢悉乖所傳是非莫得而考正殊不知三代範金以寓典法㚒㫋不同及觀此器一出非徒足以取證其謬而亦悟先儒之可笑矣

周子乙斝一

子乙

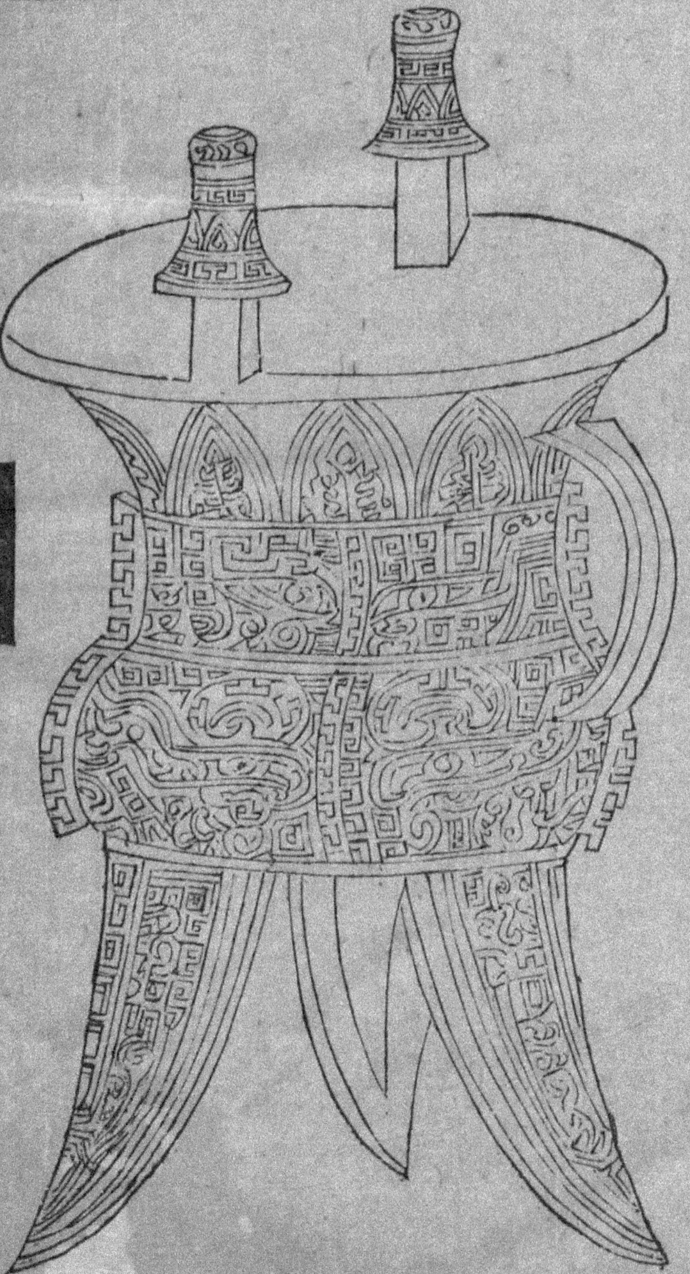

周子乙斝二

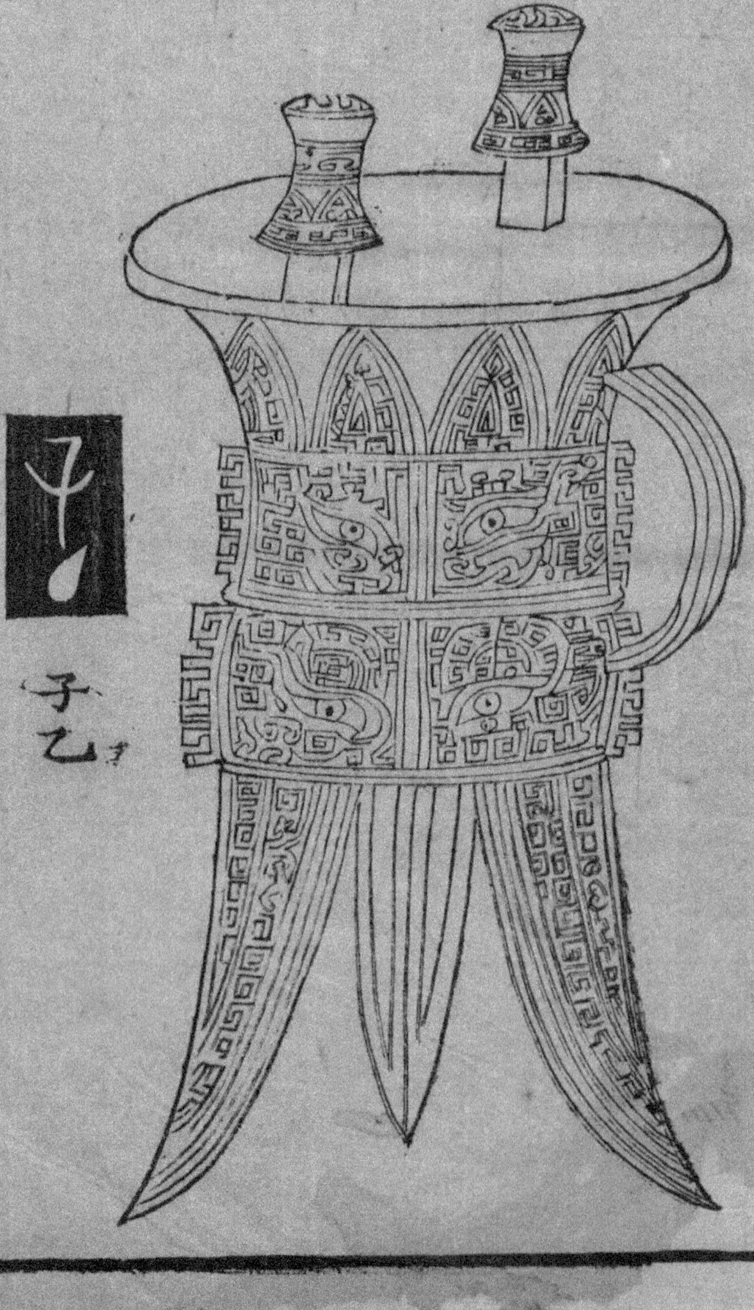

子乙

前一器高一尺三寸九分深六寸二分口徑
六寸五分容三升有半重六斤四兩兩柱三
足有鍌銘二字
後一器高一尺三寸九分深六寸二分口徑
六寸五分容三升有半重六斤四兩兩柱三
足有鍌銘二字
右二器形制悉同惟子乙字稍異前器乙
左後器乙向右當是同用之器若旅簋列鼎

之類也三面皆作饕餮間以雷紋是間復狀以夔純緣之外作山形十有一真周物也∴

五等之爵乙蓋其氏在周有乙公德者則乙恐其後裔耳

周父丁斝

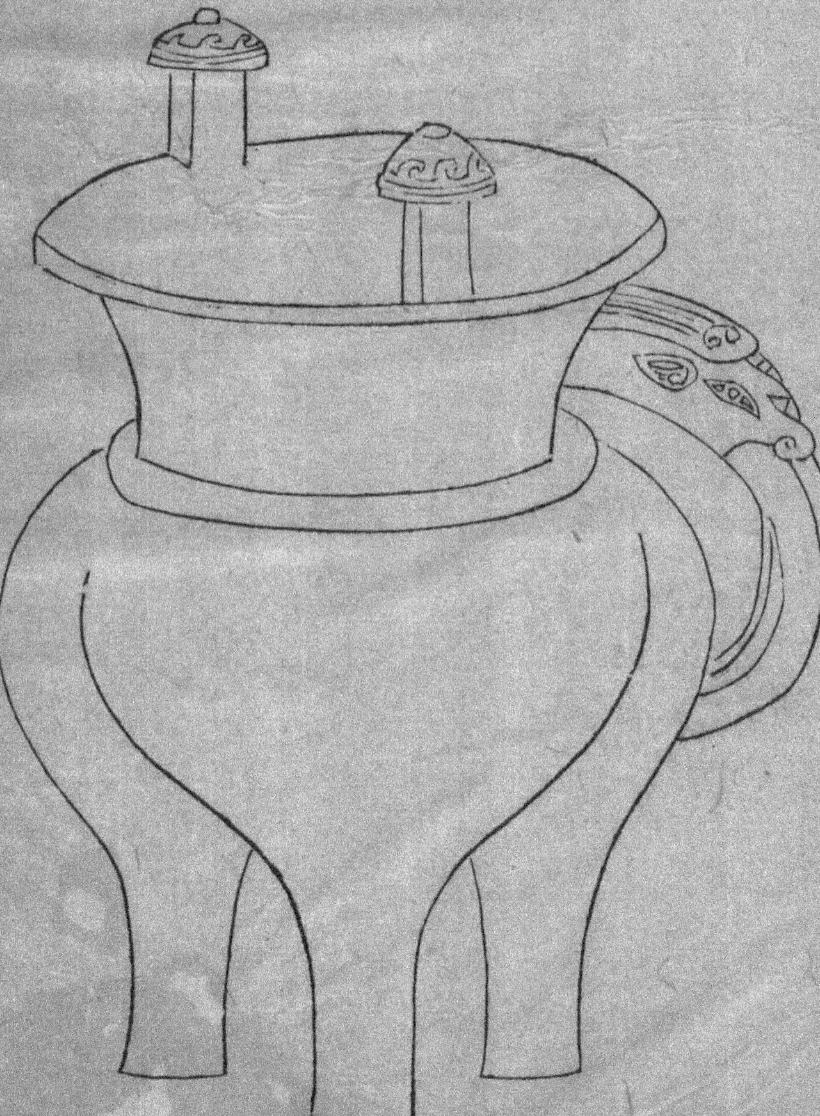

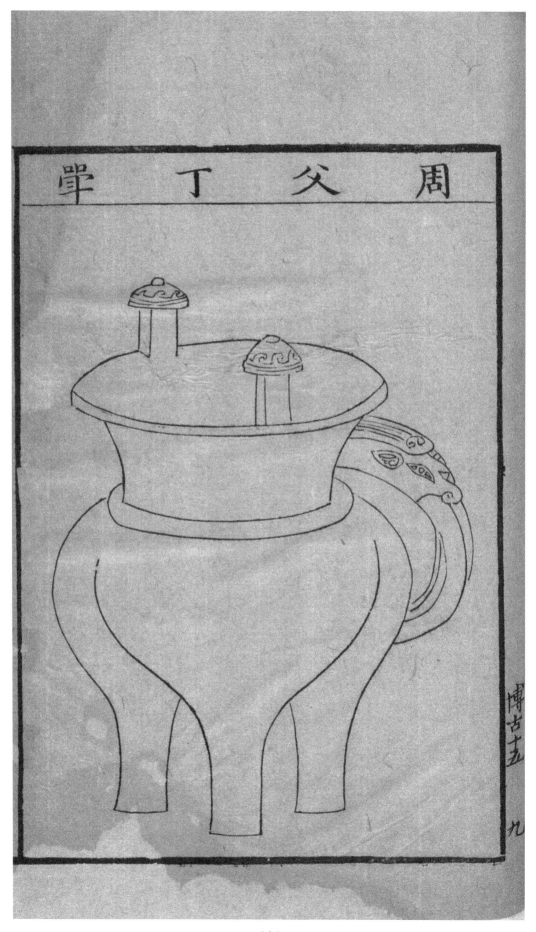

宁 父丁

右高九寸九分深五寸二分口徑五寸七分容四升八合重七斤兩柱三足有鋬銘四字其一字未詳餘三字曰宁父丁宁其作器者之名也周封丁公伋于齊豈伋之子若孫有以宁為名者歟是器以鋬為牛首之形三足純素雖近於質然觀其製作實周物也

周山斝

右高一尺深三寸八分口徑五寸五分容二升六合重三斤九兩兩柱三足有蓋無銘是器蓋足純素腹布山紋間以雲雷饕餮爵斝所以從尊昔有山尊而今有山斝宜是斝乃從於山尊之器也其象山之義蓋具於山尊矣攷其形制周器也

周監夔斝

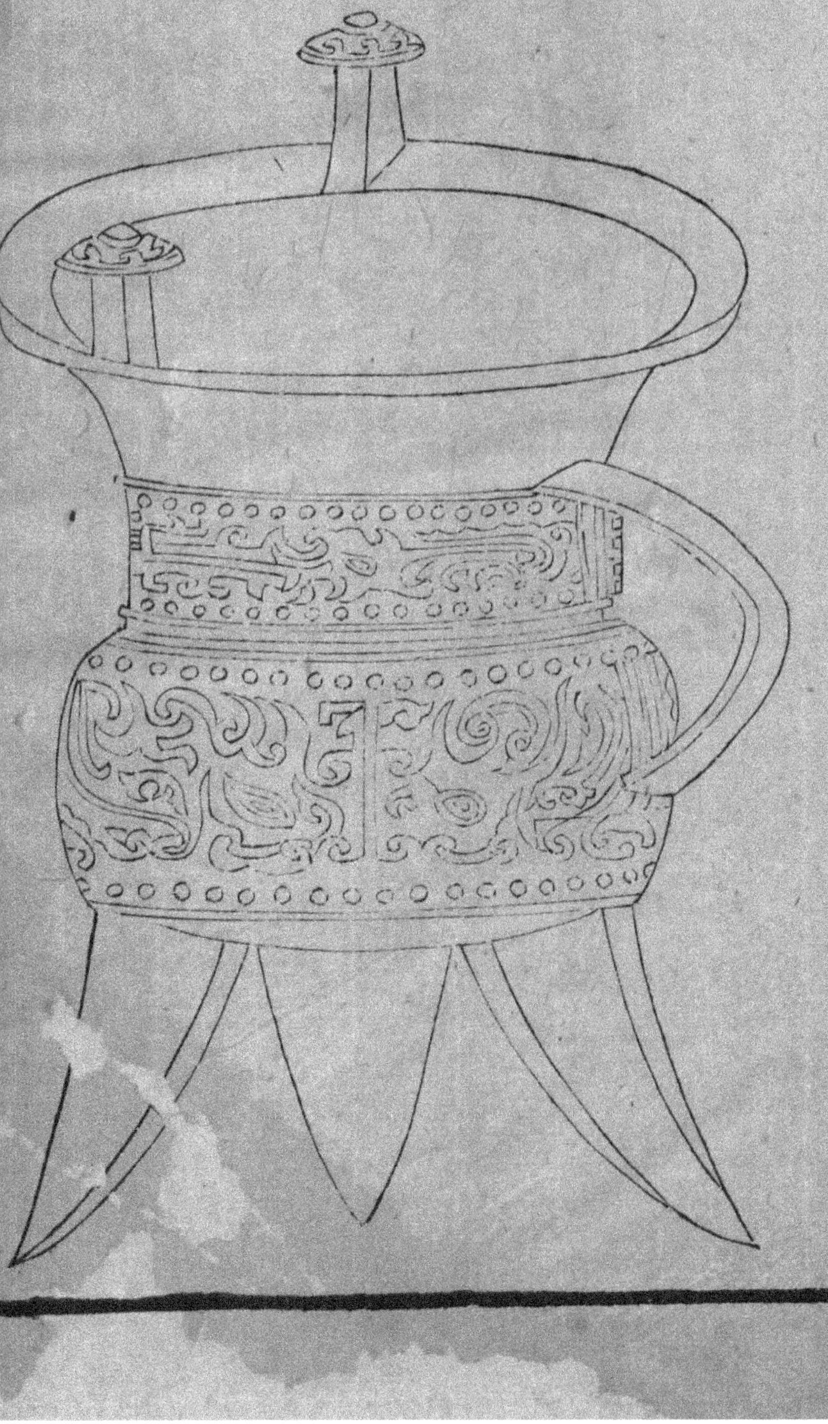

右高七寸三分深四寸口徑五寸容一升六合重二斤三兩兩柱三足有鋬無銘斝之屬大畧如爵差大而無流耳其兩柱植立在上而下有三足亦同焉腹足間作雷紋若饕餮不一等蓋設飾惟宜而已此盤夔亦其類也

周雷紋斝一

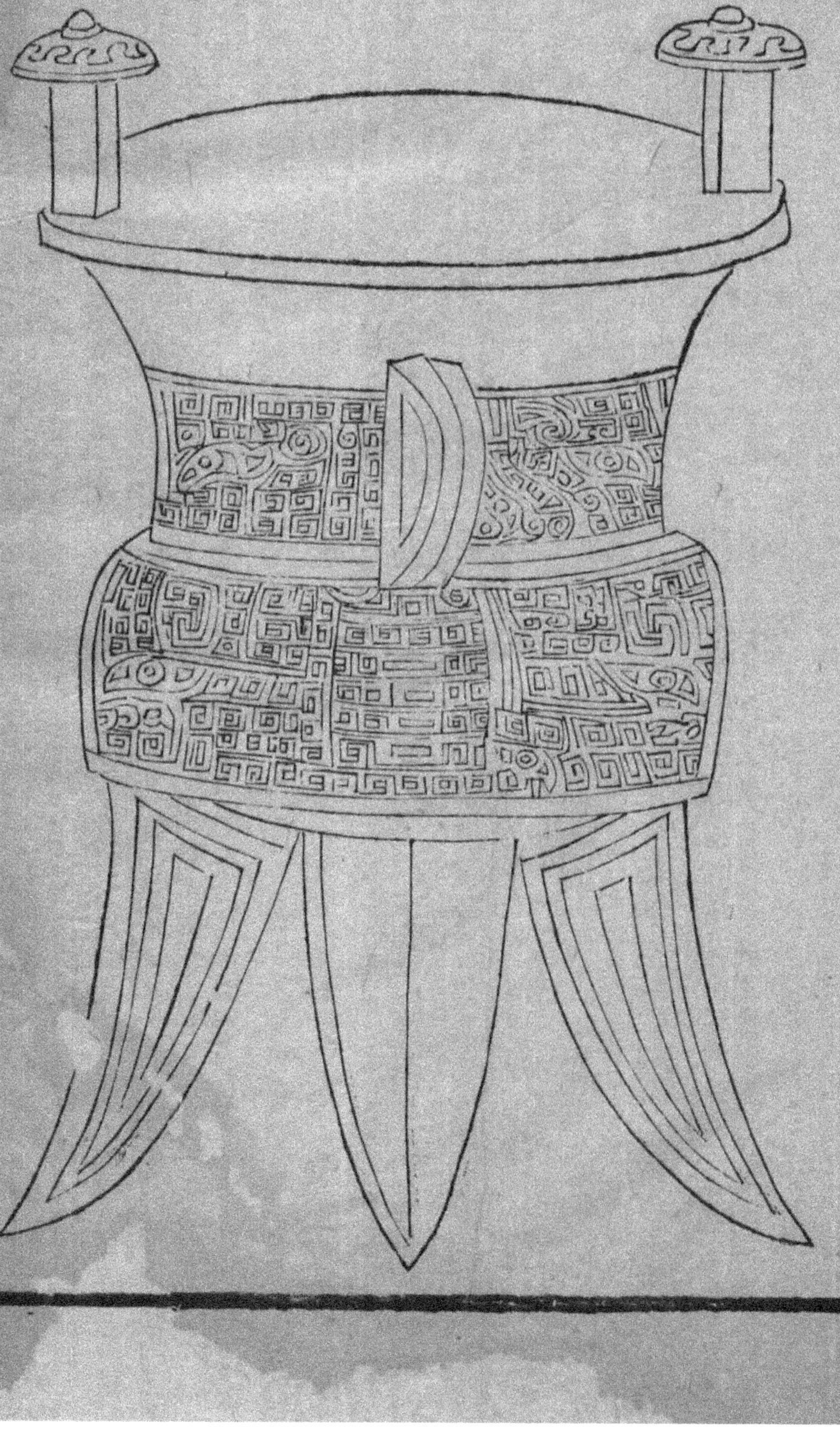

高一尺一寸深五寸四分口徑六寸二分容
三升五合重四斤十有一兩兩柱三足有鋬
無銘

周雷紋斝二

高七寸八分深三寸九分口徑五寸一分容一升重二斤十有一兩兩柱三足有鋬無銘

右二器形模一律但大小差殊耳俱以雷紋為飾求之經傳惟周官言尊罍靁鼓而記禮者亦作雲雷之字其他未之見追觀鼎彝之屬則致飾無所不用雷者罕之著雷自宜有之

周饕餮斝

右高八寸五分深四寸口徑四寸七分容一升一合重二斤一兩兩柱三足有鋬無銘兩柱三戈足素鋬三面爲饕餮之形紋鏤簡古雖若不加精巧而後世極冶鑄之工不能到蓋禮文至周爲盛而夏商之餘風未殄也

周風紋斝

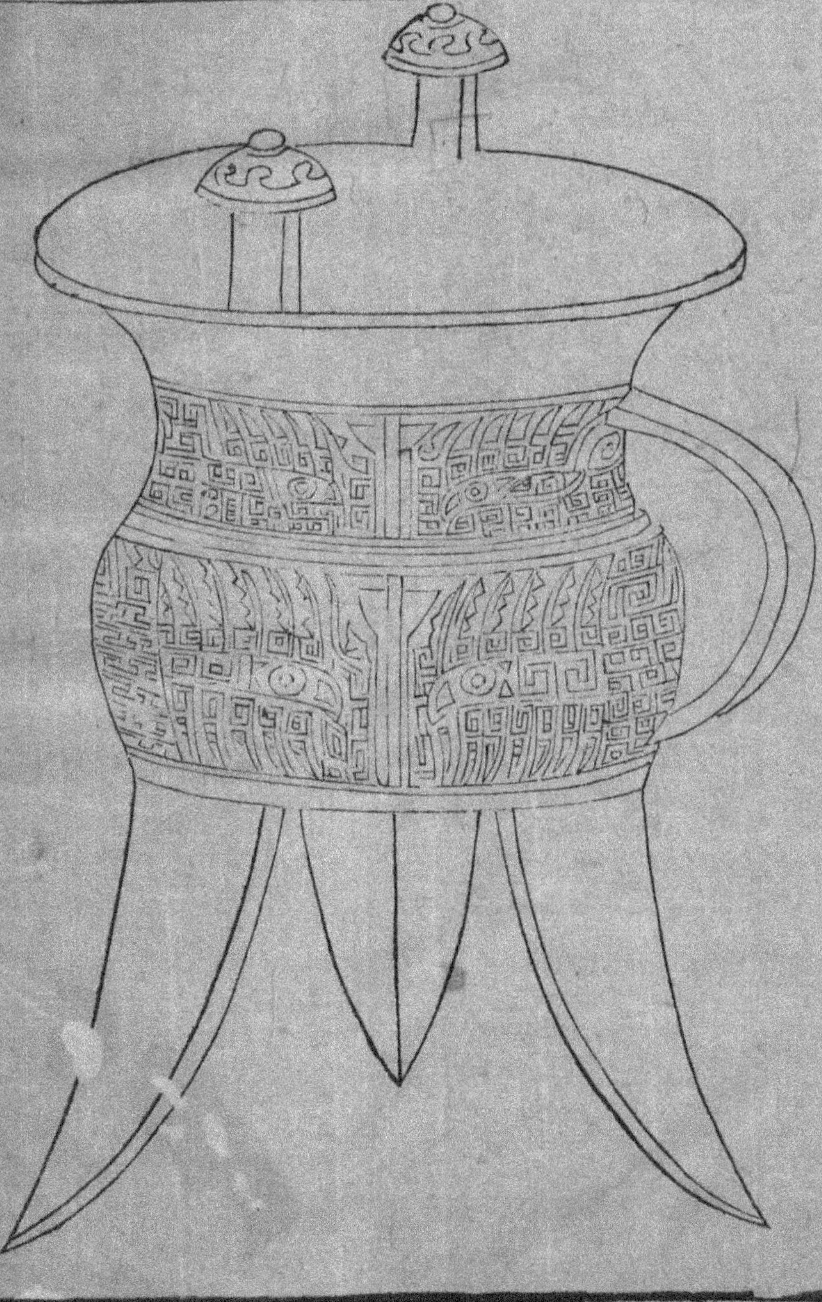

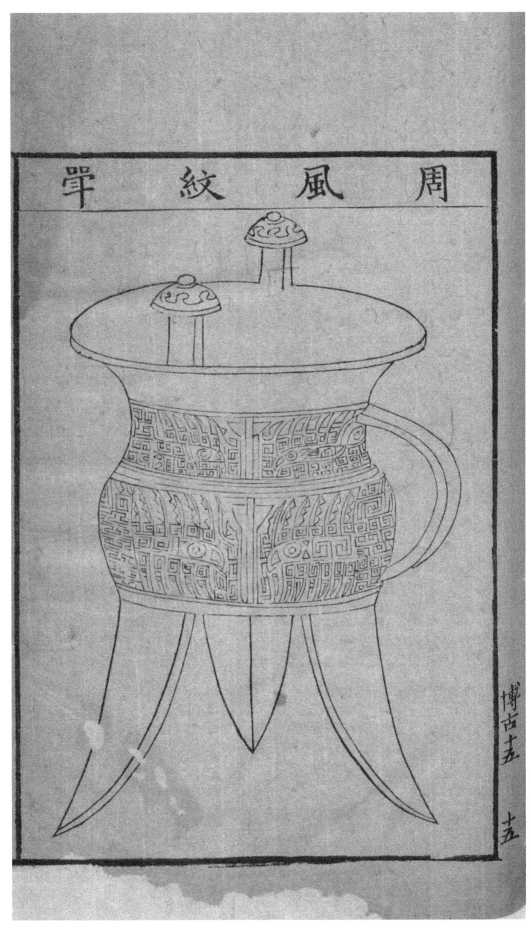

右高一尺一寸深四寸七分口徑九寸容二升一合重三斤一十兩兩柱三足有鋬無銘是器純緣鋬足並皆純素兩柱飾以盤雲腹上作饕餮形間以風紋狀欹斜偃草之勢大抵與周雲雷斝相似乃一類物耳

周雲雷斝一

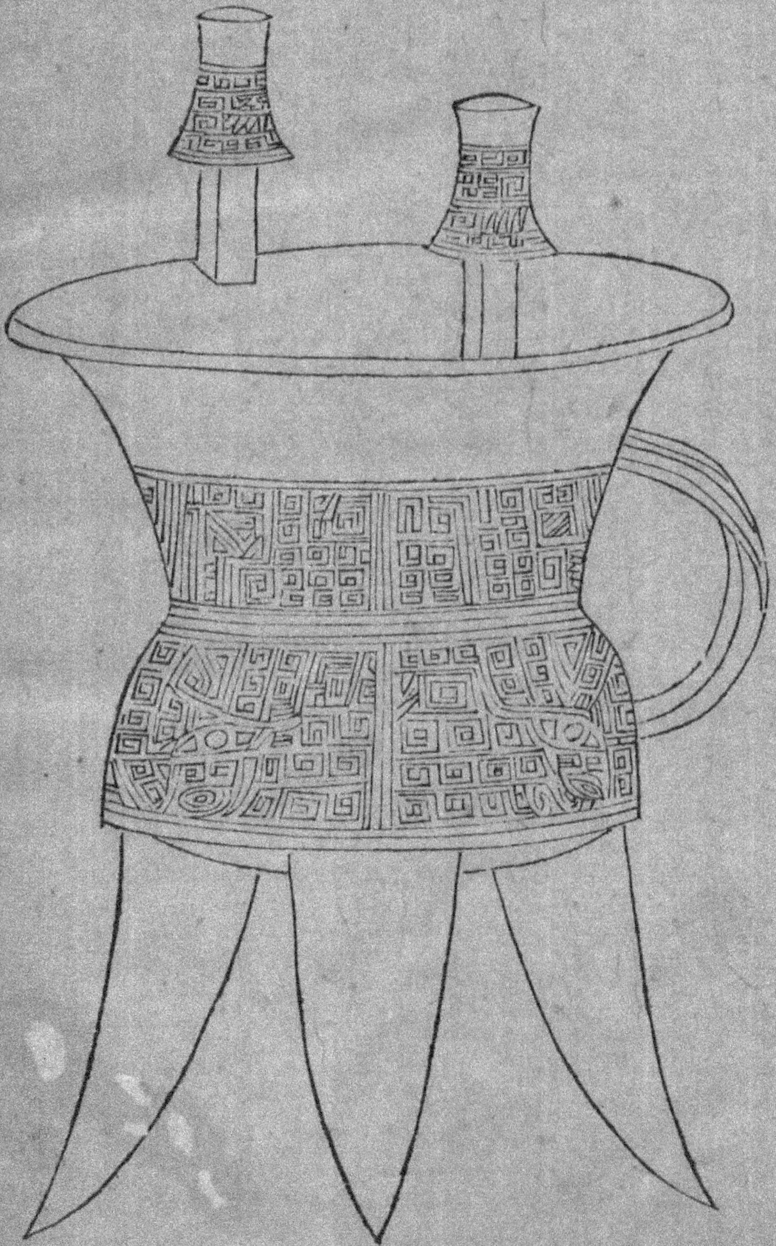

周雲雷斝二

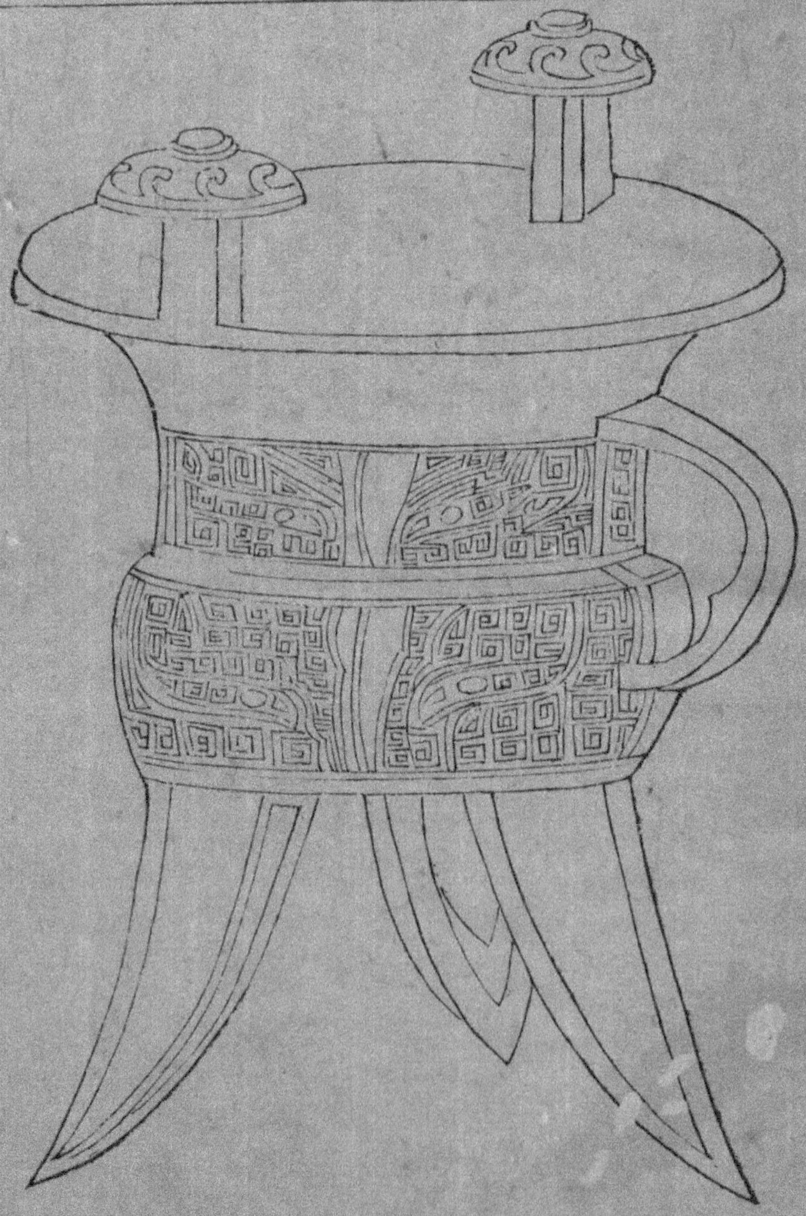

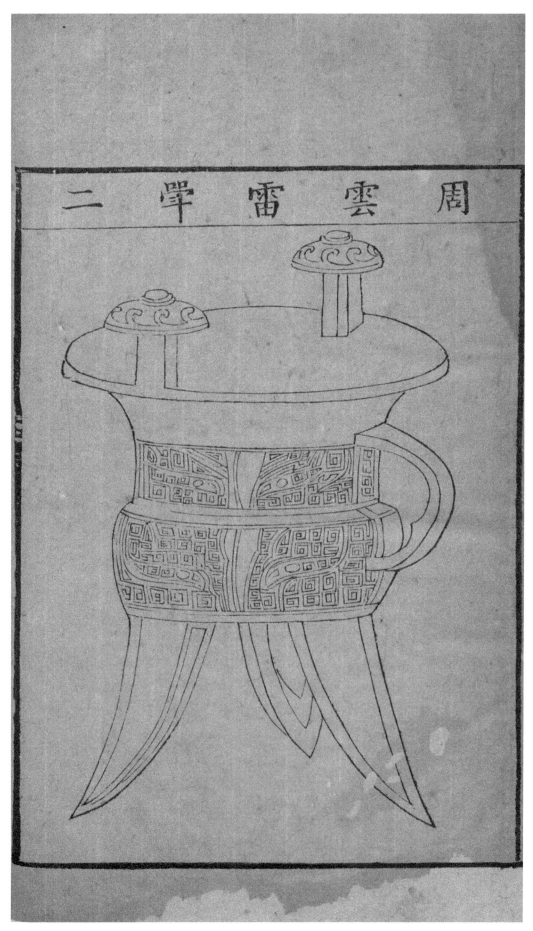

周雲雷斝三

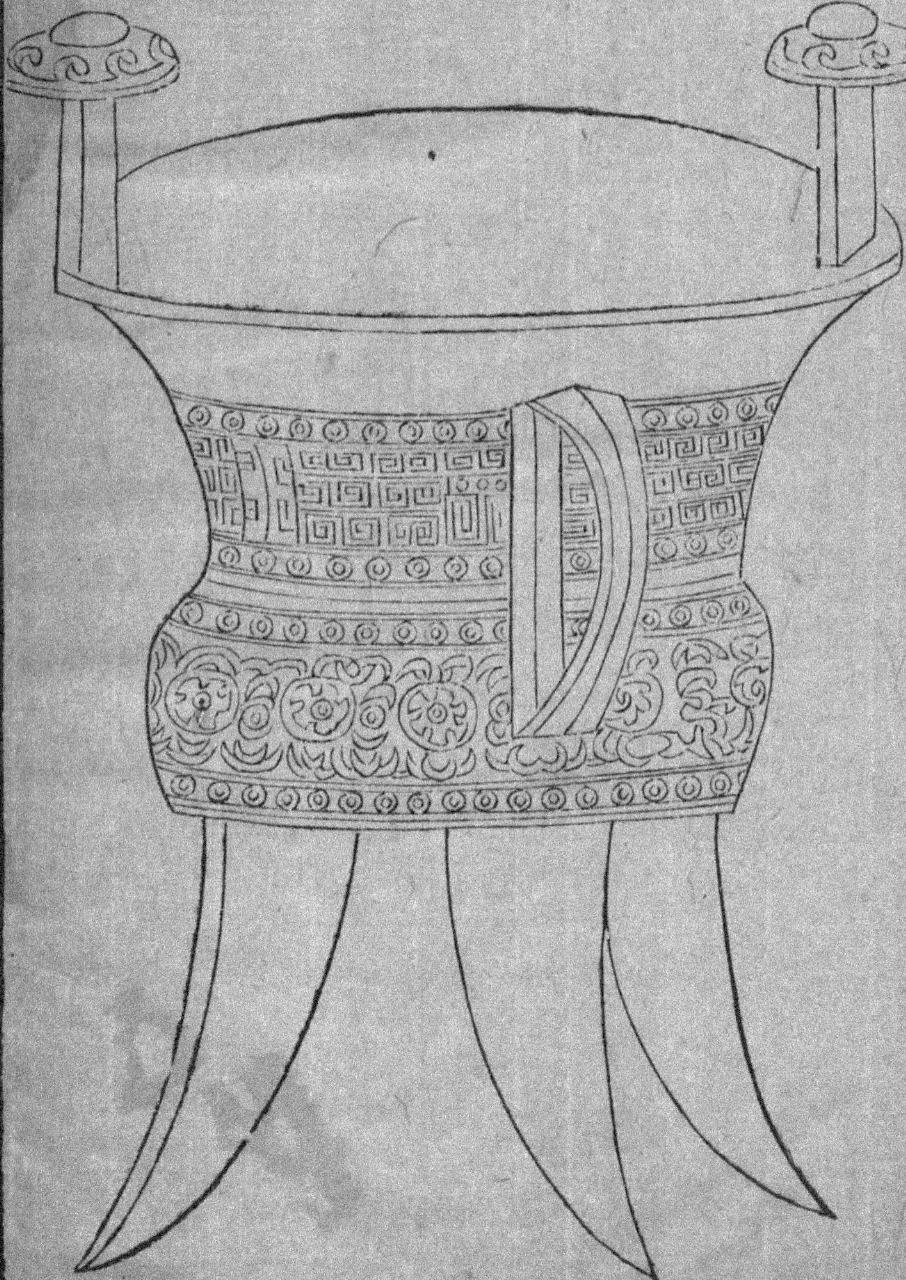

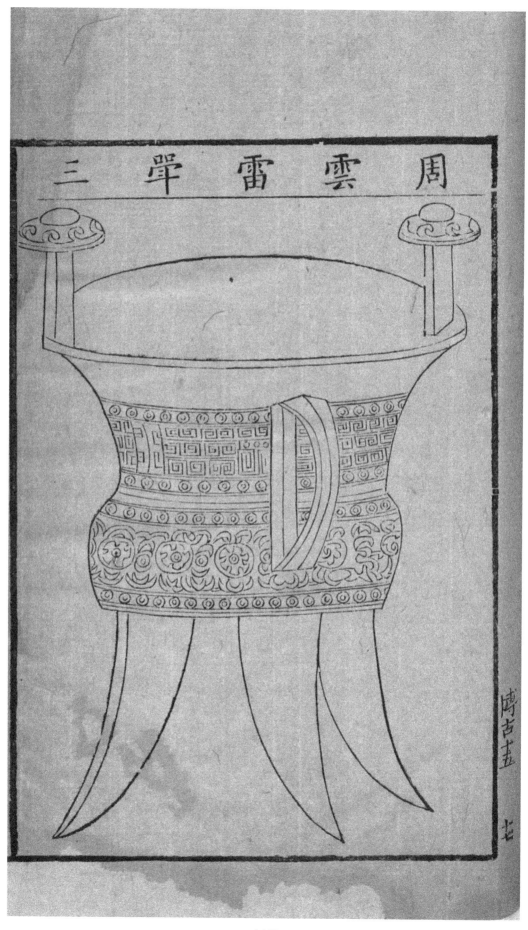

周雲雷斝四

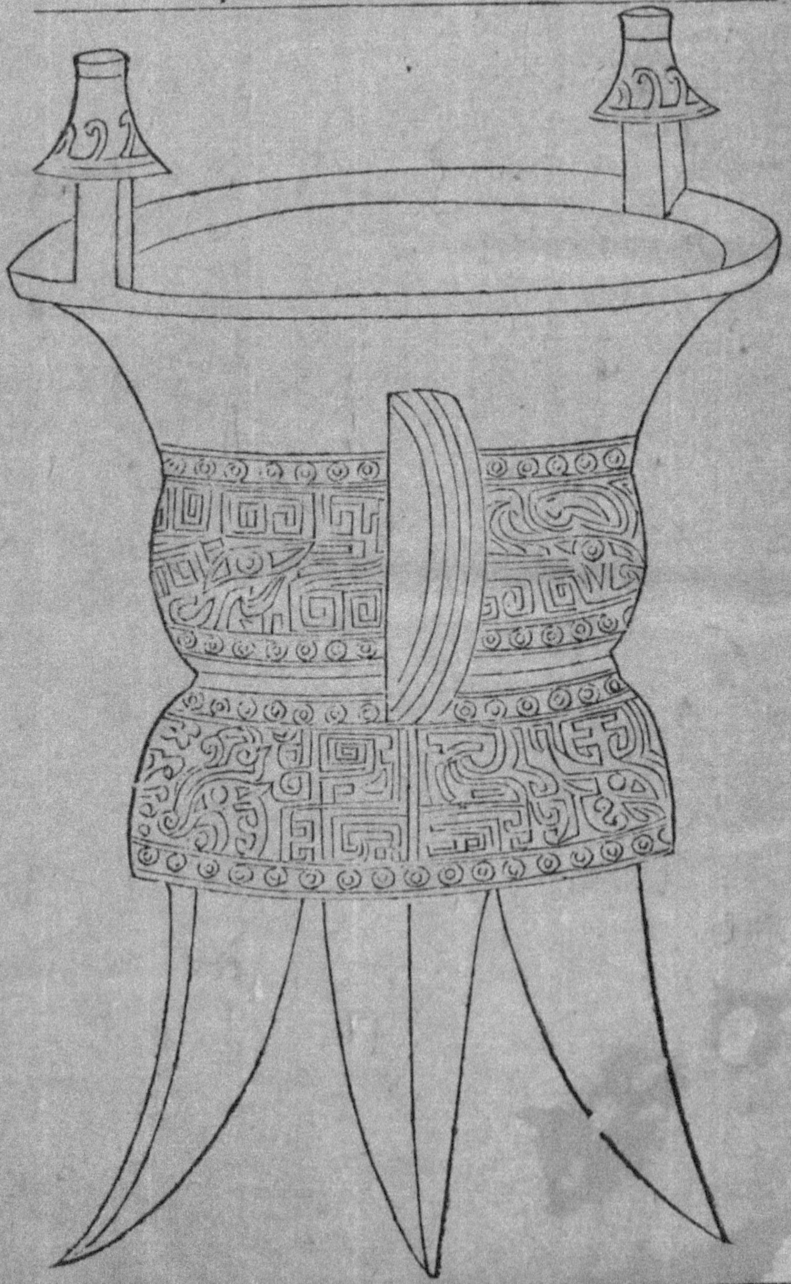

周雲雷斝五

第一器高一尺二寸二分深五寸一分口徑七寸四分容四升有半重五斤十有二兩兩柱三足有鋬無銘

第二器高九寸四分深四寸六分口徑五寸容一升有半重三斤十有二兩兩柱三足有鋬無銘

第三器高九寸八分深四寸八分口徑五寸四分容二升一合重二斤五兩兩柱三足有

鋬無銘

第四器高七寸八分深三寸三分口徑五寸一分容一升一合重一斤十有四兩兩柱三足有鋬無銘

第五器高六寸一分深三寸三分口徑四寸一分容一升三合重一斤十有一兩兩柱三足有鋬無銘

右五器著象饕餮雜以雲雷而足皆作戈以

示戒周詩言洗爵奠斝而王安石釋之以謂斝非禮之正則所以飲之無所不至此商曰斝而周兼四代之禮爵斝於是乎有辯然則於周亦謂之斝可也

周虎斝

右高一尺五寸六分深一尺三寸口徑七寸三分容六升重九斤兩柱三足有鋬無銘鋬端有虎首之狀三足若鬲而銳雷紋飾其兩柱三面著以饕餮昔周有虎彝本基於帝舜宗彝之象盖武有力而重則威者君子有取於虎焉古之饗禮或有以昭其文或有以示其武况銘諸飲器哉

漢虎斝

右高八寸四分深三寸五分口徑一寸四分容一升三合有半重二斤一兩三足有鋬有流無銘按此器鋬飾以虎亦周虎彝之遺意也肰比之諸斝既無柱而揜其口復置以流與他器無可合者其形制特於斝為近故類於斝是必漢物也蓋漢儒不及見三代之器皆相宗以傳習之陋宜是器之去古遠矣

商合孫祖丁觚

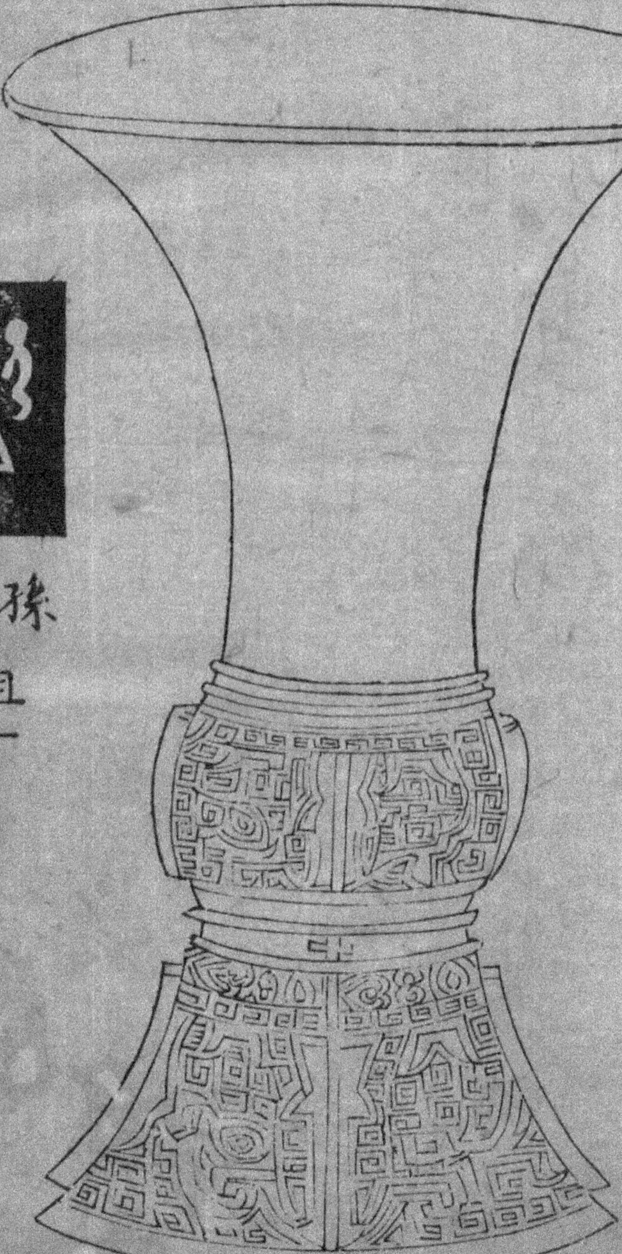

孫孫祖丁

右高八寸五分深五寸六分口徑四寸八分容八合重一斤二兩銘四字茲器著形為兩孫而又曰祖丁者自名也子子孫孫詩人必取象於物所傳有無窮之意觚銘合孫猶是義皆存乎戒此器於當中屹起四稜以考其世書人飲惟祀德將無醉飾以夔又加以饕餮無貪濁之患而知所慼矣

商子乙觚

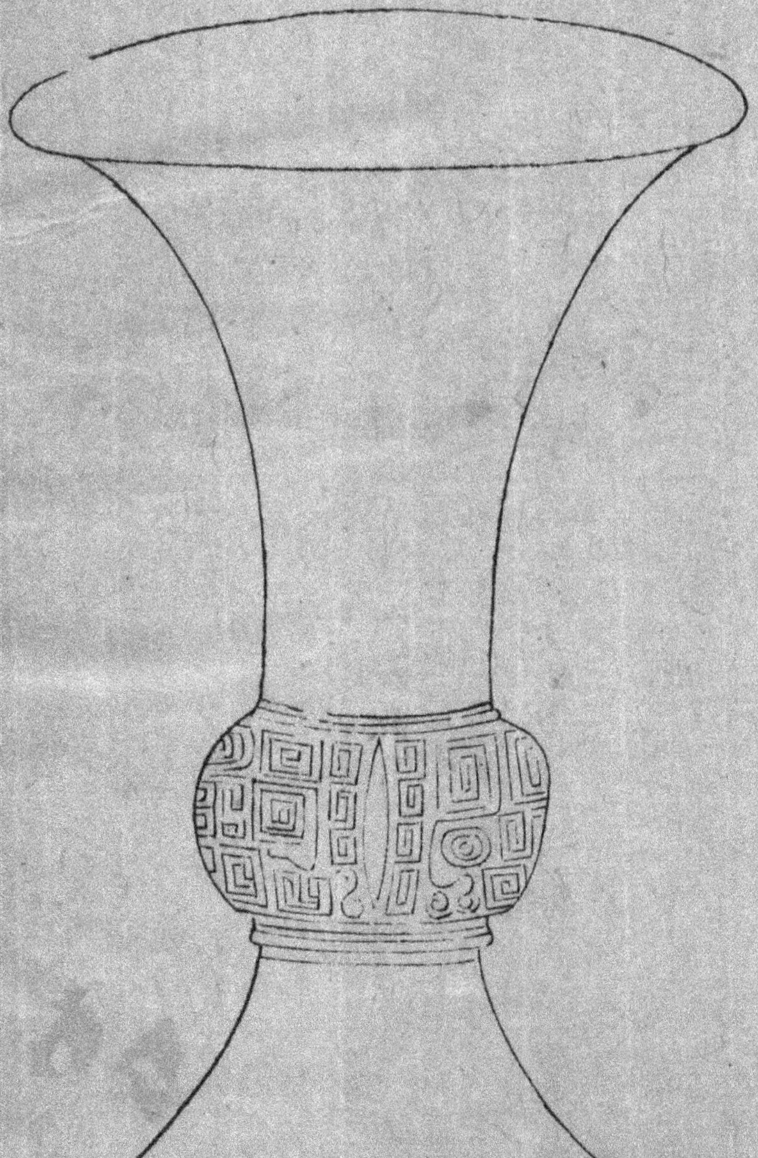

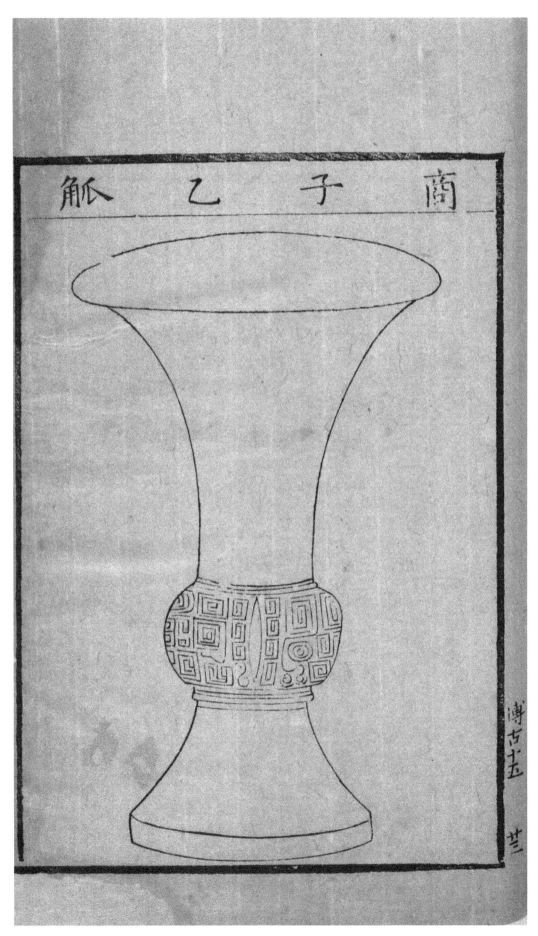

父丁
子乙

右高六寸八分深四寸八分口徑四寸二分容七合重一斤銘四字曰父丁子乙按商之君其號丁則有曰沃丁仲丁祖丁武丁庚丁太丁者其號乙則有曰祖乙小乙武丁獨曰

乙者然而太丁之子曰乙則知父丁子乙者正謂此耳在昔彝器之銘有止言其父以明其子有止銘其子以昭其皇考者惟此器既言其父又言其子其銘特與它器不類蓋昔人不相沿襲自為一家之語然於義則未始不同焉其所以不同者特其或詳或畧耳

商女乙觚一

帚女
兹乙

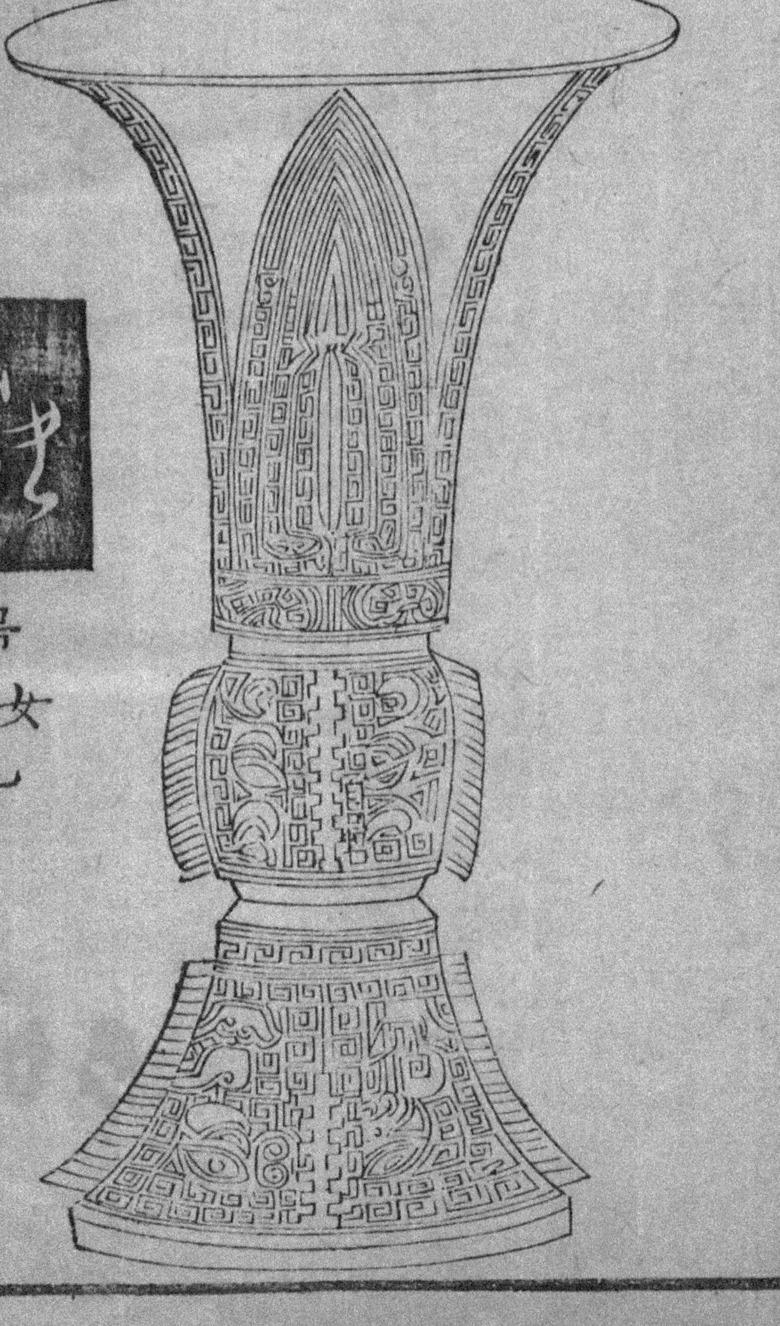

商女乙觚二

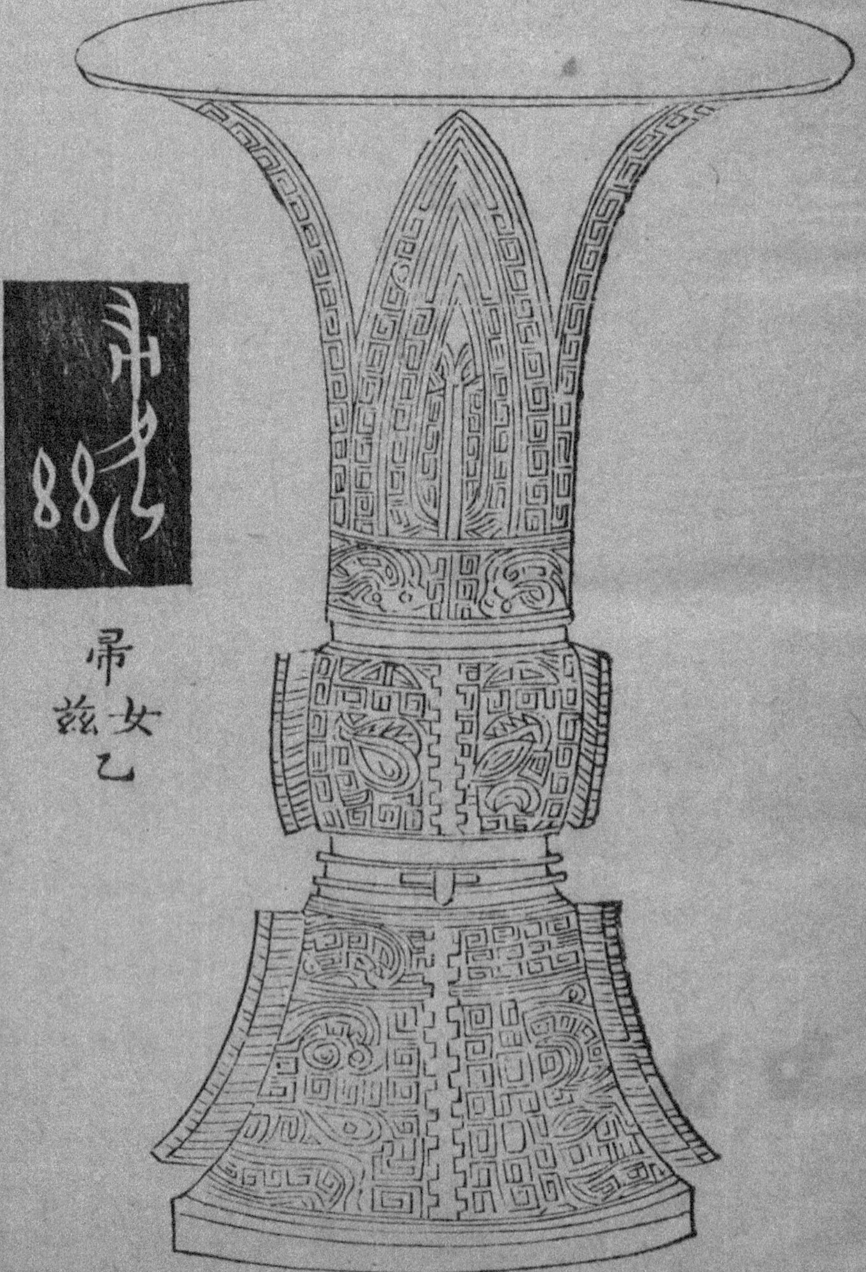

帚女乙兹

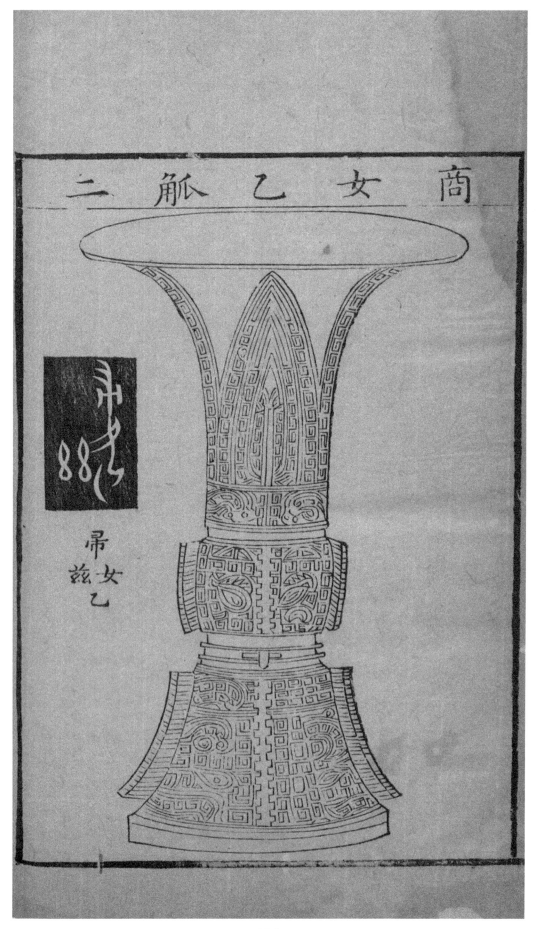

前一器高八寸九分深六寸一分口徑四寸
九分容六合重一斤六兩銘四字
後一器高九寸深六寸口徑四寸九分容六
合重一斤八兩銘四字
右二器製作相類乙者商之君號茲女闕二字
女之作是器以享於考詩云誰其尸之有齊
季女蓋女亦預祀事也帚者許慎曰箕帚婦
昔呂公息女願為高祖箕帚之妾曲禮闕二字

納女於天子曰備百姓於國君曰備酒漿於
大夫曰備埽灑鄭康成以謂酒漿埽灑婦女
之職也古人之親固當報本反始以致孝享
而於器用之間必著所職者蓋亦不忘父母
之教而謹其所有事故也是器脰刻四山紋
足間作散雲布為饕餮面目雲梢蟠細縷宛
轉相間蓋從雲雷生氣所謂刻畫雲氣與商
己舉爵文正同所以皆為飲器而足間闕二字

可握可拱者是臣拜君酢朝服而跪受之端身而飲仰而盡奠於地而復拜與圭笏相為用而禮容便具則一器之所該使聖人制作之意可思過半故曰觚者法度之器也庸可忽哉韓非子曰禹作祭器而觴酌有綵其腰間有可縮繫處上為四蟲所謂小蟲為雕瑑也

商父乙觚

亞父乙

右高八寸九分深五寸七分口徑五寸一分容八合重一斤六兩銘三字按商紀言乙者有五而此曰父乙莫知其何乙也亞乃藏主廟室之形此器脰間純素不作四稜腹足時以雲雷取象澤物製作之妙曷以加此

商木觚

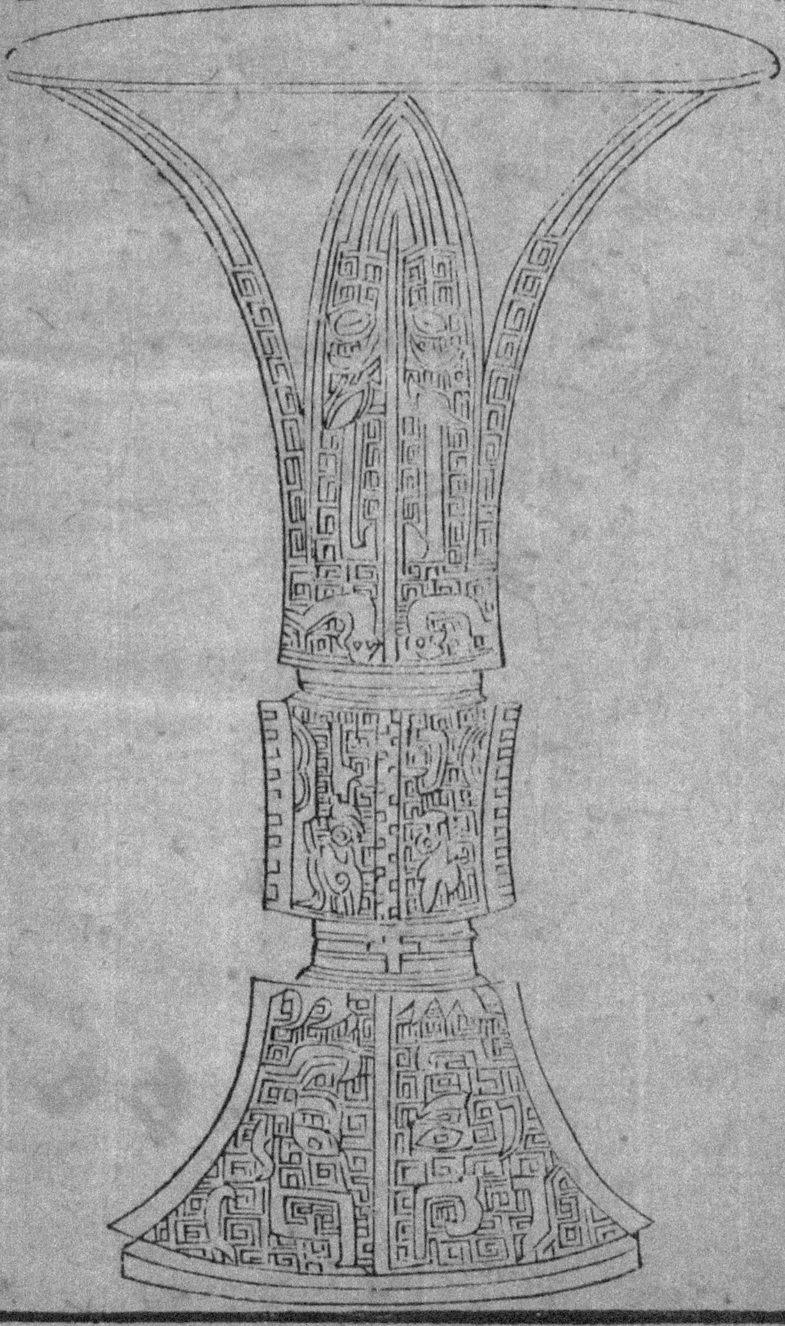

木

右高一尺一寸深七寸六分口徑五寸二分容八合重一斤九兩銘一字曰木昔之作詩者嘗借仁於樛木而王安石以木為仁類則木者仁也觚爵飲器而取象如此蓋嘗禘鄉射與夫燕饗之間未嘗不以仁為主耳

商立戈觚

甲
立戈
形

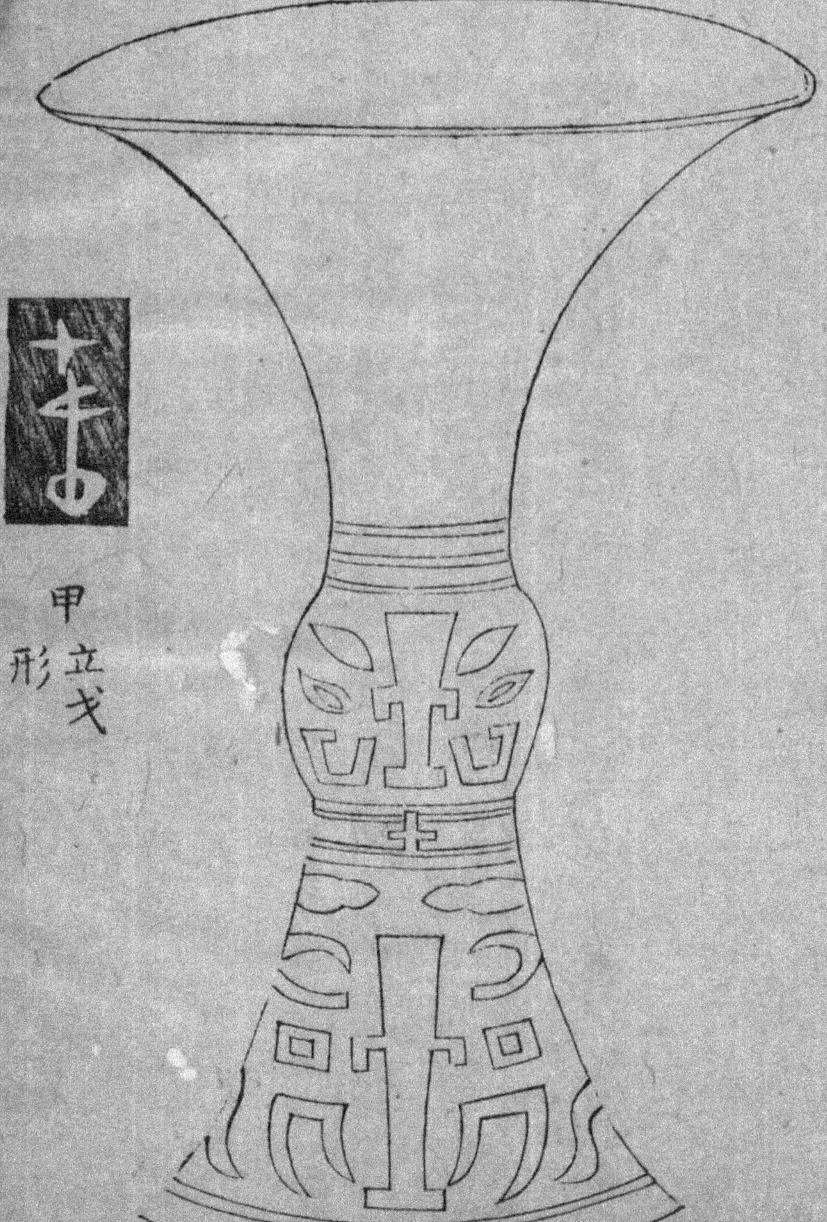

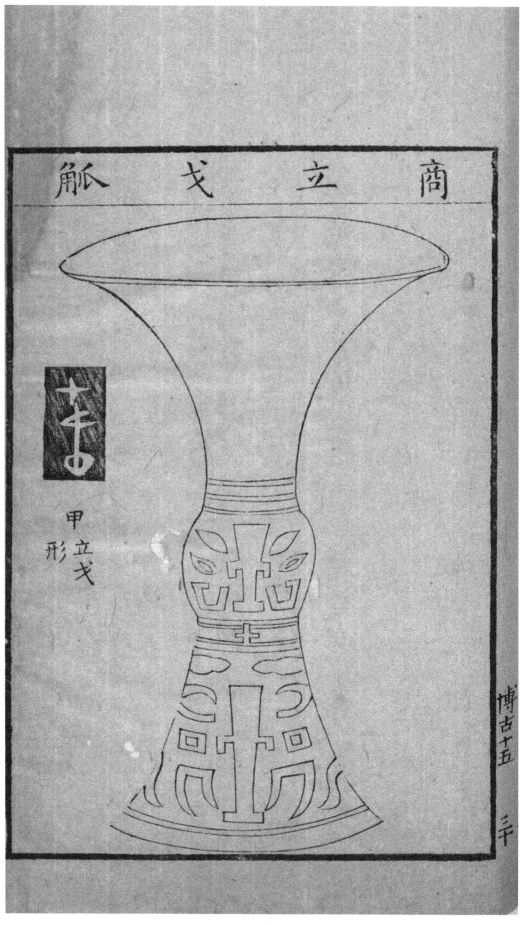

右高九寸深五寸八分口徑五寸二分容七合重一斤三兩銘二字曰甲者商君也蓋商有小甲河亶甲沃甲陽甲祖甲之五君耳又商人制器多為物象故著立戈以寓其戒觚之為器既以孤為義矣又復作戈以示焉信乎所謂無彝酒者也豈特此哉鼎也甗也皆以是為飾則知古人所欲作者不獨飲而已是觚也腹無四稜而款識高古非商初之制無以及此

商奕車觚

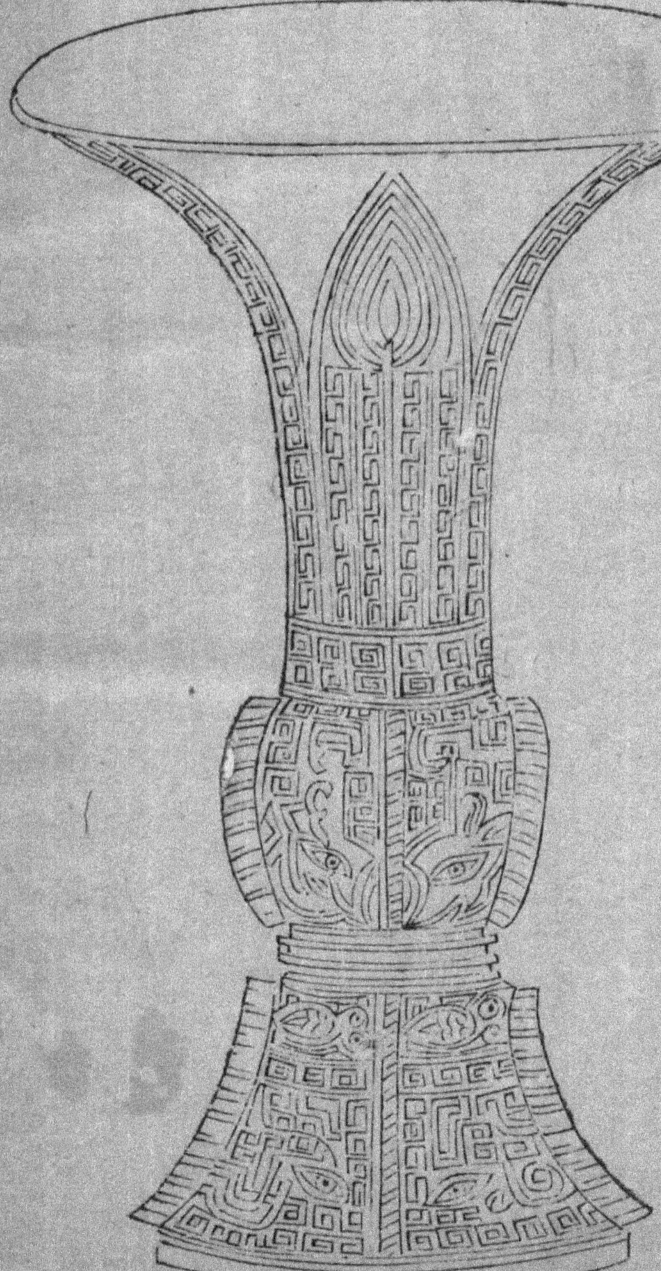

奕車

右高九寸九分深六寸六分口徑五寸二分容八合重一斤一十兩銘二字按此器觚也視其隱起雷紋與夫饕餮之飾實符商制其銘文一爲奕古無以奕受氏者殆作器多著名於此其一則爲輗車之形蓋車軑則致敗而酒之流是以敗德疑是爲卒飲之戒

商父庚觚

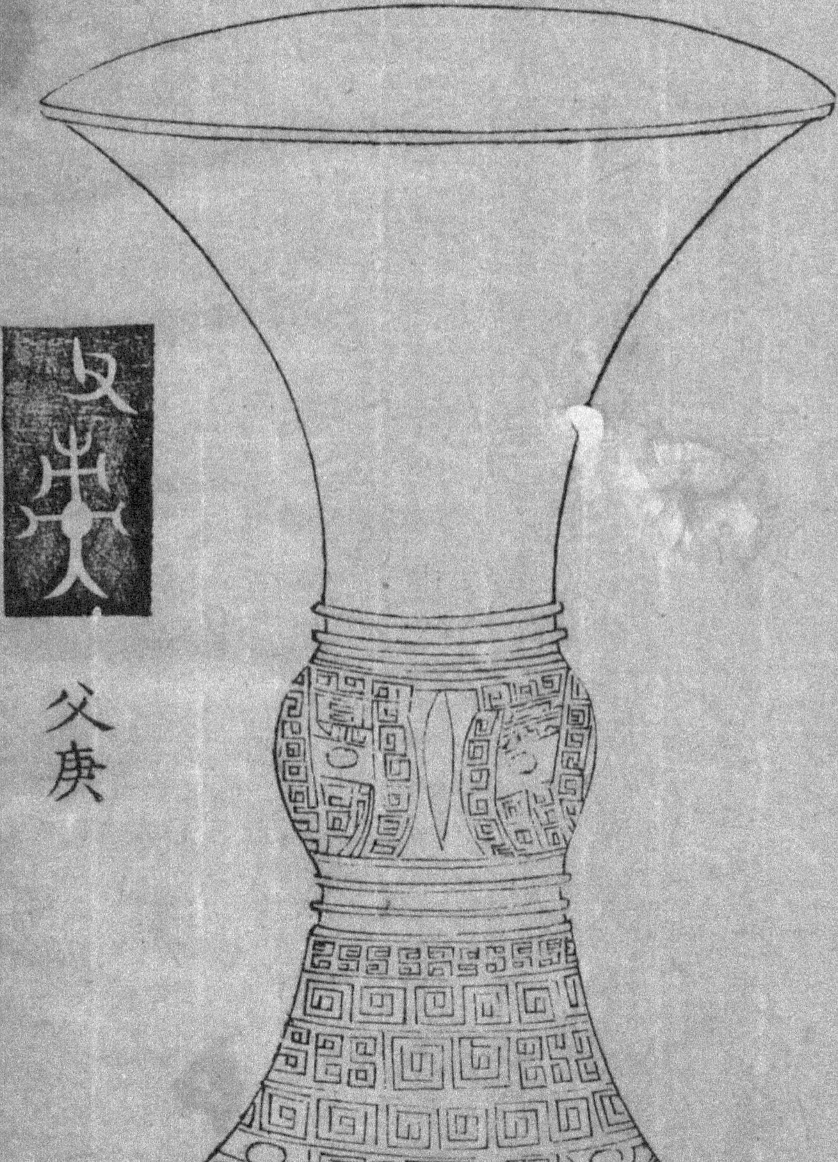

父庚

博古十五 廿二

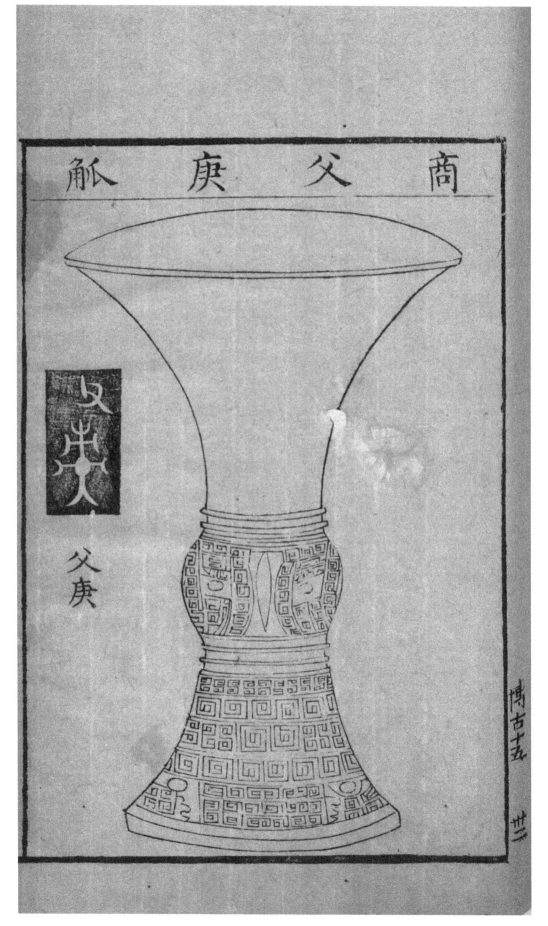

右高八寸四分深五寸二分口徑五寸一分容七合重一斤七兩銘二字按商紀有太庚南庚盤庚祖庚而此曰父庚者宜出於是商父庚爵款識頗與此同意皆商一時之制也許慎以謂庚位西方象秋時萬物庚庚有實今此庚字彷彿垂實之形故知先王取象命意各有攸當又商器銘文特簡畧淳古其文一二言而足如此器是也

商父舟觚

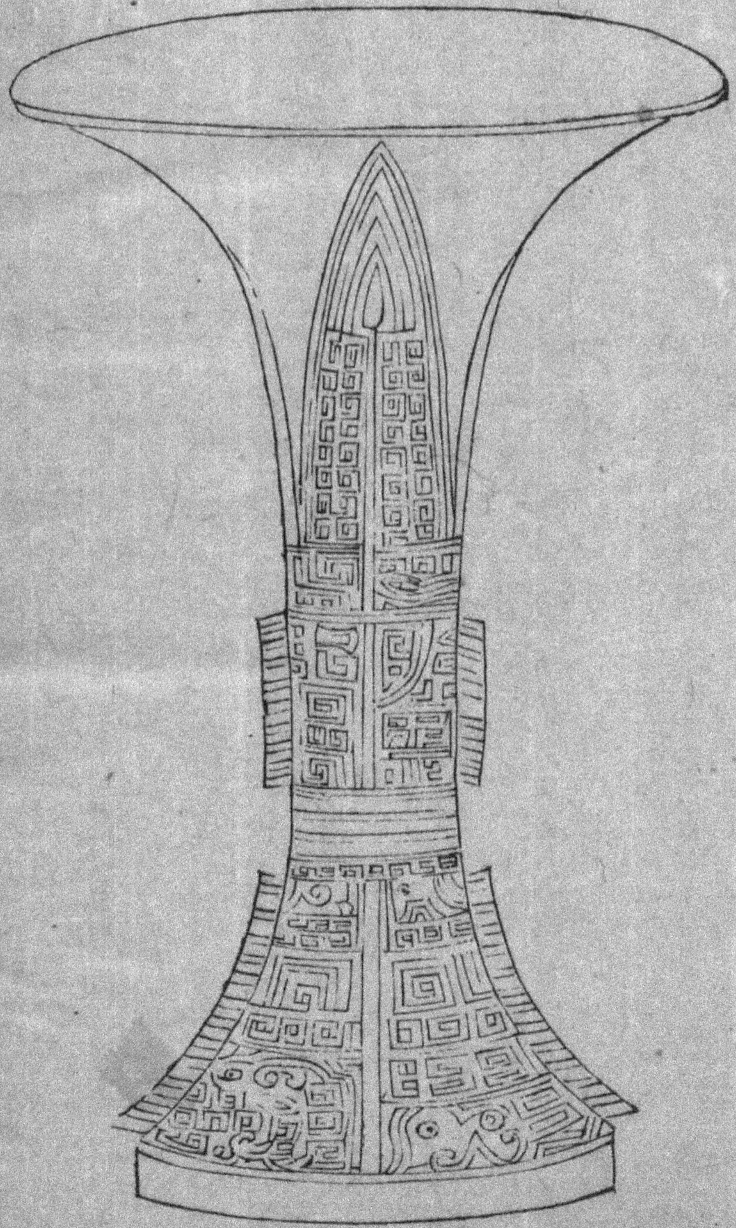

父舟

右高一尺深六寸八分口徑五寸四分容八合重一斤十有二兩銘二字曰父舟此觚也而謂之舟蓋水能載舟亦能覆舟觚飲器也酒能成禮亦能敗德有舟之義焉是器足腹為饕餮夔虺之狀皆取鑄鼎象物之飾凡所以為飲器者之規焉

商龍觚

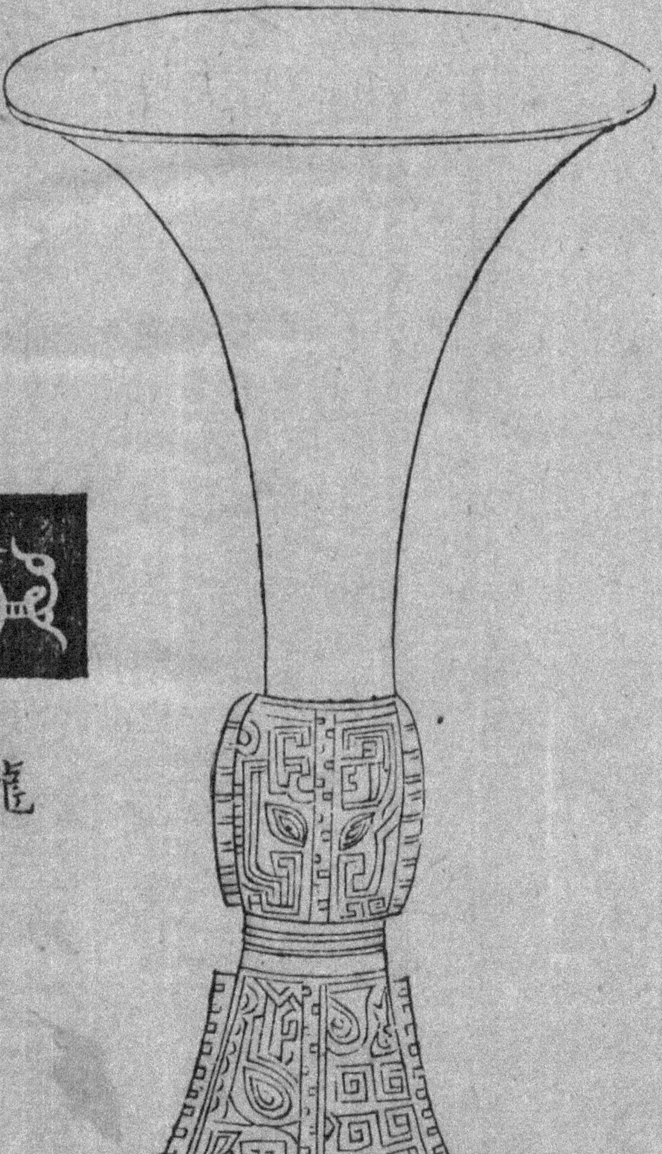

龍

右高九寸深六寸四分口徑五寸容八合重一斤五兩銘一字作龍形龍善養人者也所養在下而能蟠蟄則能弱變化不測不可制蓄則能強然一至於亢則蹈於有悔之地觚飲器也飲所以養陽過則有亢之悔是器腹足兩面作饕餮狀間以雲雷皆所以著戒者也

商亞形觚

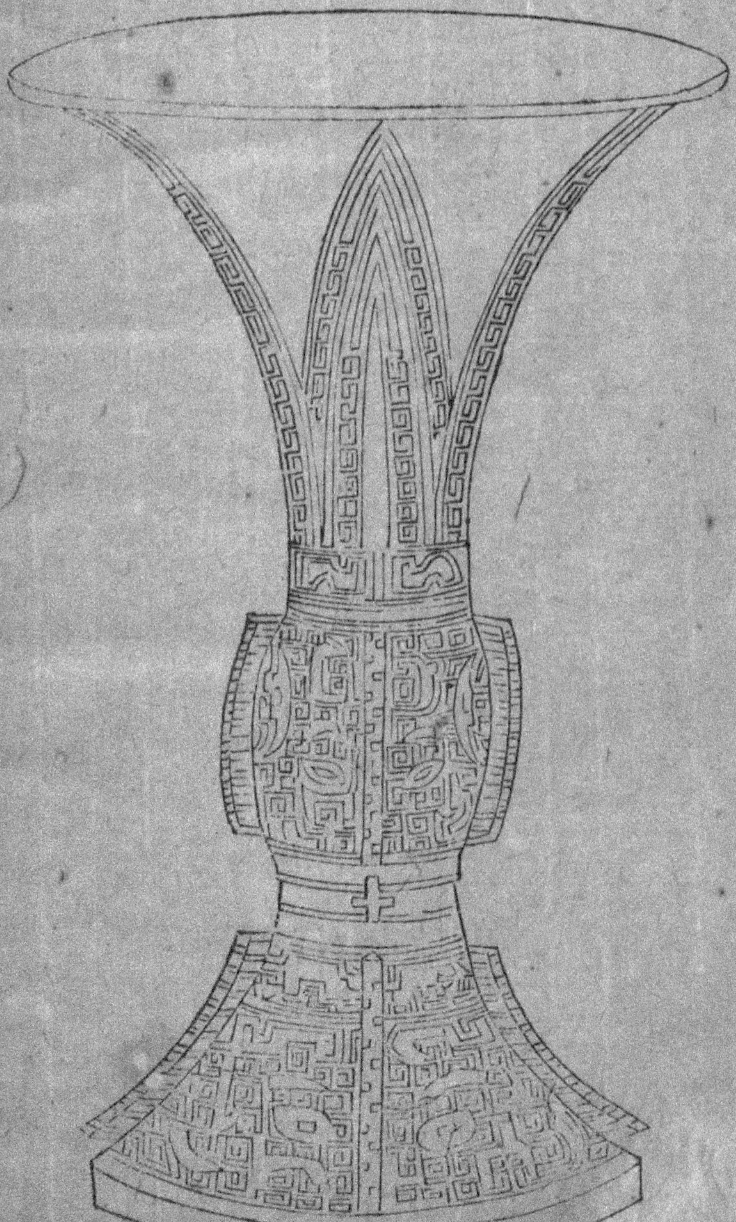

亞形　二字未詳

右高一尺五分深六寸八分口徑五寸九分容八合重二斤五兩其銘作亞形而亞形内外二字僅如畫象不可辯昔崔準獲一商卣亦作此而中有足迹是觚之銘蓋此類也或以謂作圖若亞形者皆廟器也蓋亞形所以象廟室耳

商孫觚

孫

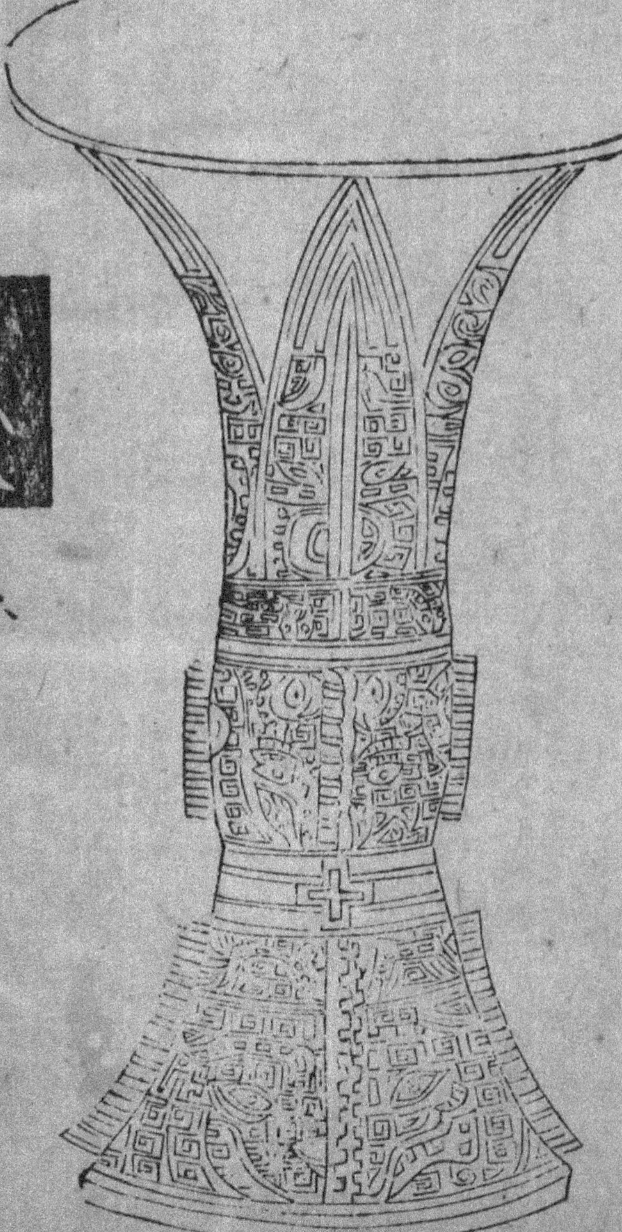

右高一尺三分深七寸一分口徑五寸二分容一升重二斤銘一字曰孫而字形小異蓋商畫𩔗取形似而偏旁不拘於上下左右而此銘孫者謂其為王父尸者也故有象於尸足腹兩面作重饕餮象鼻尾之間為四稜腹之上作虺腹之下作夔其上作山皆周以雷紋而蟲鏤頗與所得商饕餮觚竊相似蓋一時物也

商四象觚

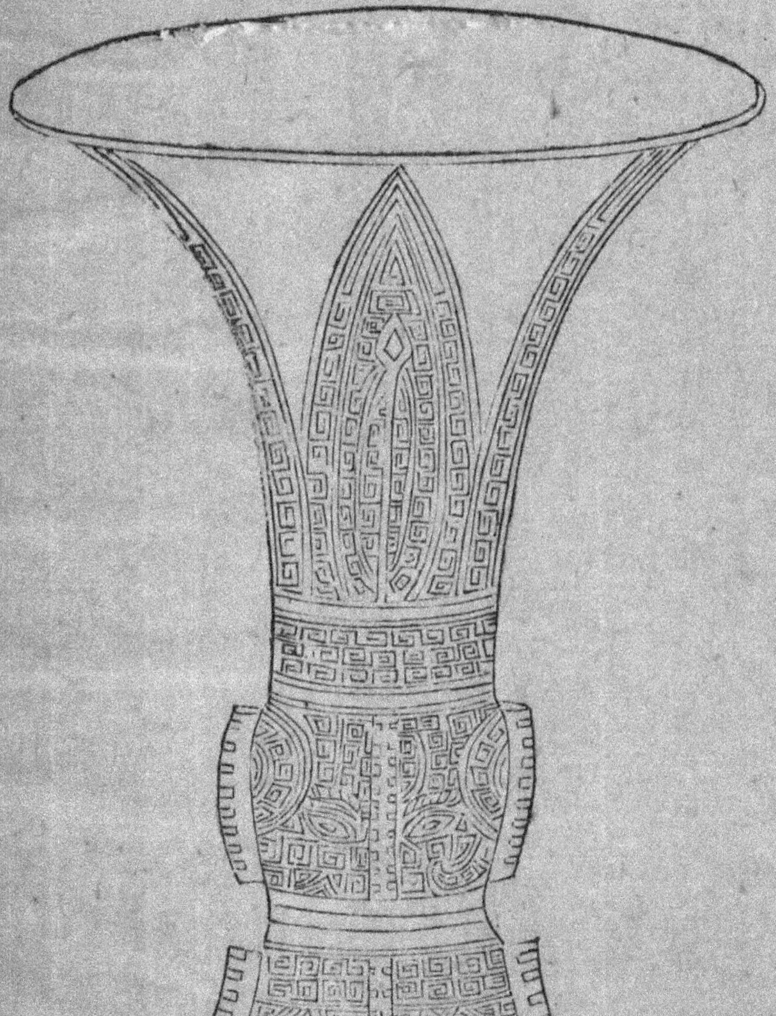

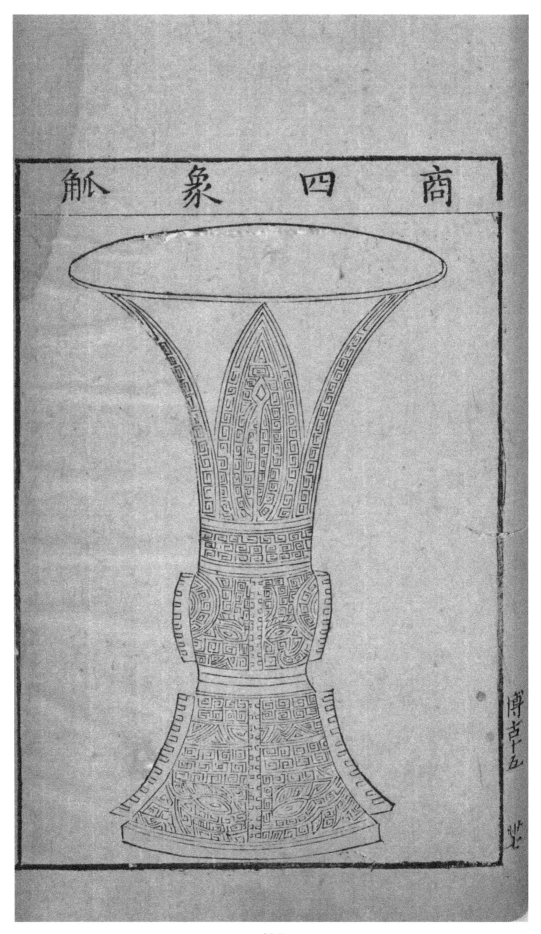

右高一尺深七寸口徑五寸一分容八合重一斤九兩無銘是器觚也飾以山雷饕餮蟠虺之狀而腹之下復作四象形儀禮所謂象觚者其亦及見是制而有傳也

商夔龍觚一

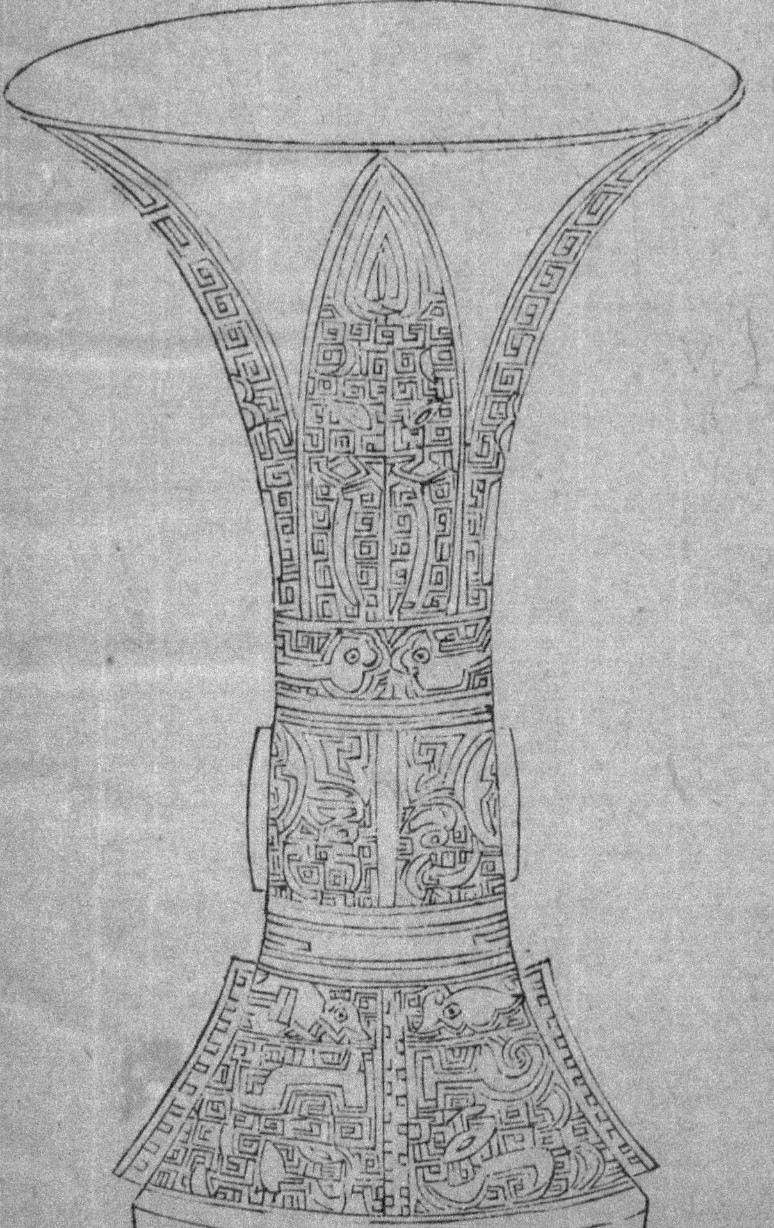

商夔龍觚二

前一器高九寸八分深六寸六分口徑四寸六分容六合重一斤六兩無銘

後一器高一尺一寸深七寸六分口徑五寸三分容九合重一斤四兩無銘

右二器皆著夔龍布以雲雷而上下相間觀其鑄冶之工形制之古與商之木觚頗同疑出一時也

周四山饕餮觚

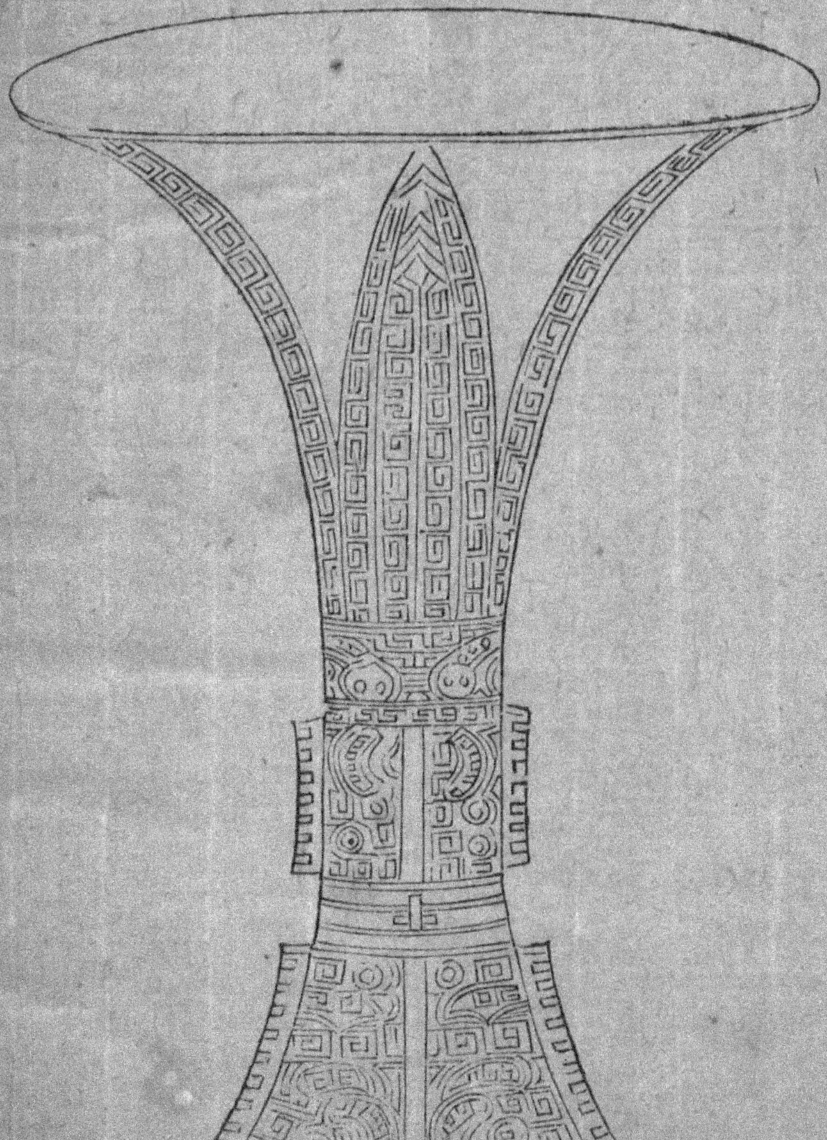

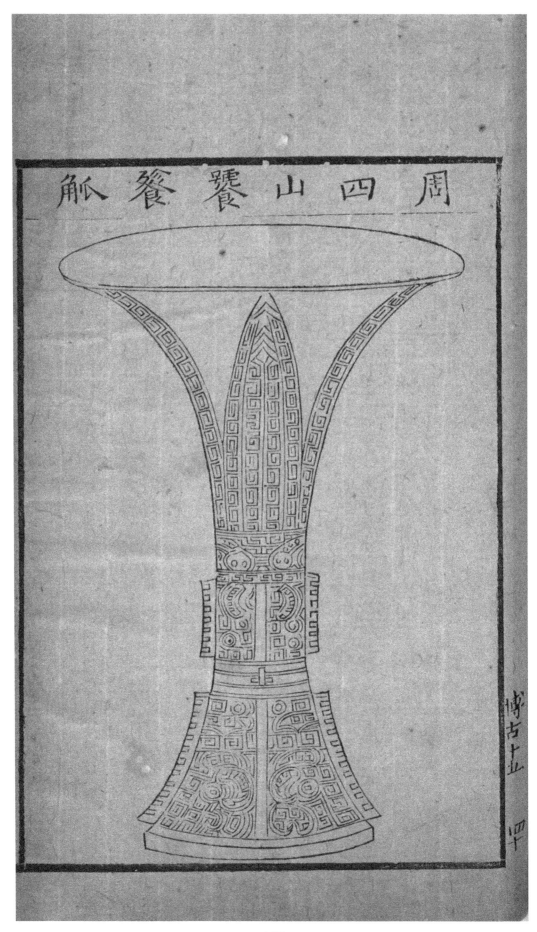

右高九寸九分深六寸七分口徑五寸四分
容八合重一斤五兩無銘是器純緣之外拱
以四山而兩面則為饕餮間以雷紋中又為
四夔夫深山大澤實生龍蛇則是宜饕餮螭
夔之所宅也今山觚而飾此者宜矣

周山紋觚

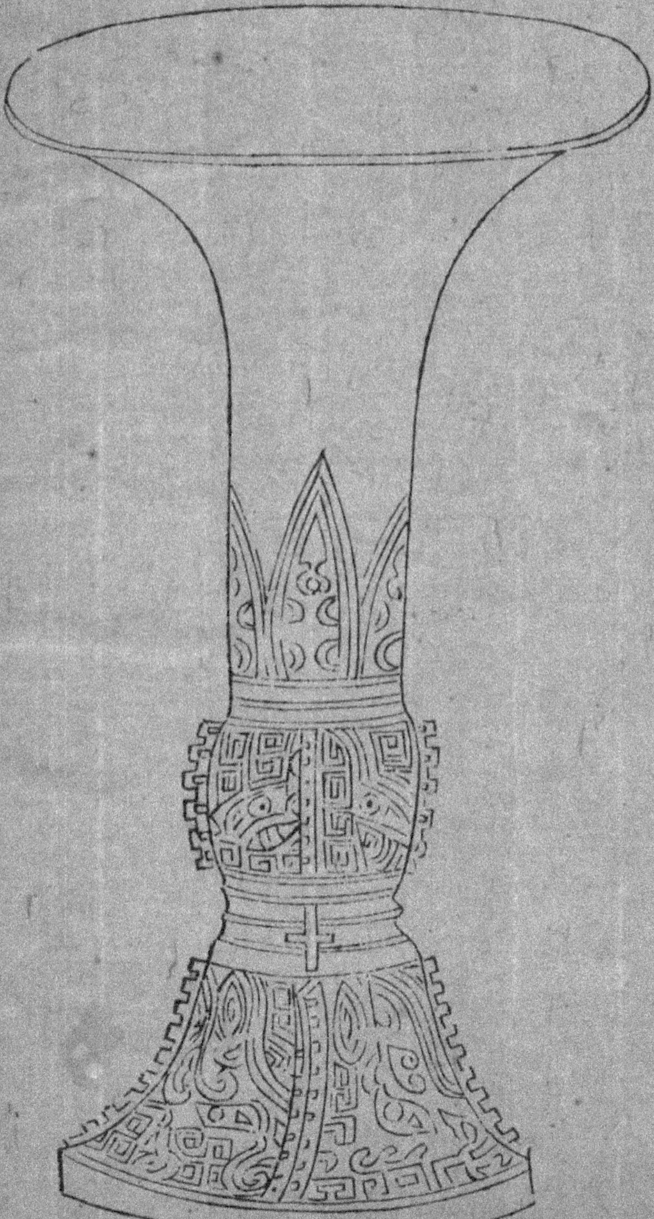

右高七寸一分深四寸七分口徑四寸容四
合重一十二兩有半無銘腹足遍以雷紋饕
餮間飾脰設四山復錯雷篆是器比諸觚為
最小麼製作高古頗有商人之遺法但文特
加縢殆周初物耶

周山雷觚

右高九寸九分深六寸八分口徑五寸二分容八合重一斤九兩無銘是器純之外作四山中分其體各為雷篆間以饕餮其稜四出是以上致飾尤繁縟乃周文盛時物也

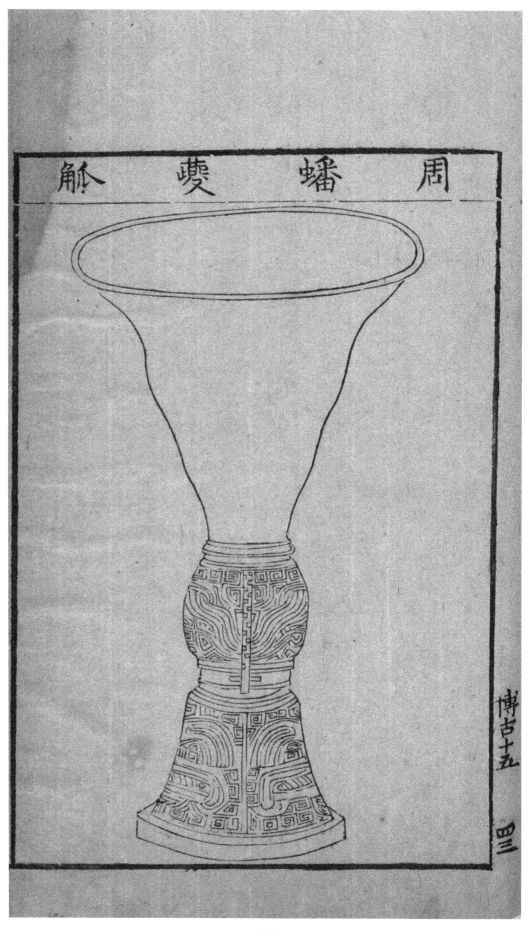

周蟠夔觚

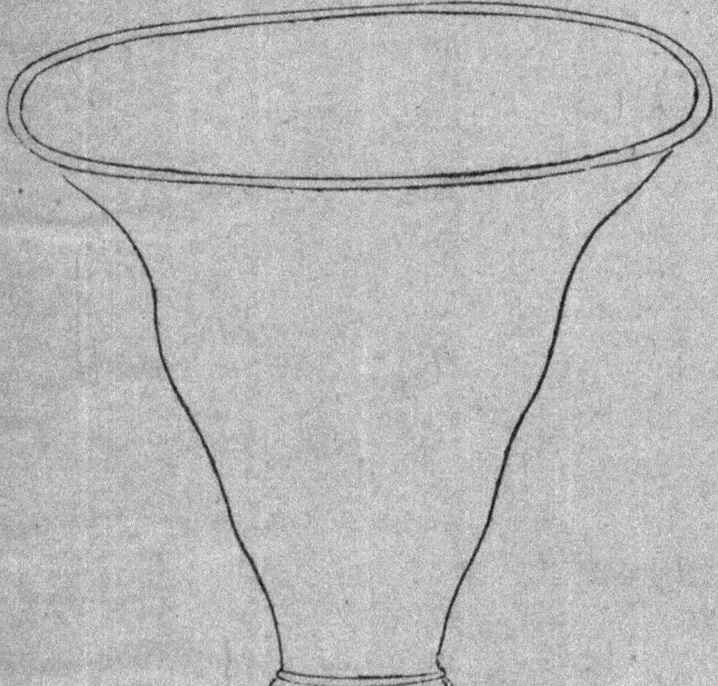

右高一尺三分深七寸九分口徑四寸八分容一升二合重一斤十有一兩無銘腹間飾以兩面饕餮是間作相顧蟠夔之狀比它觚無稜郭豈非寓破觚爲圜之意耶禮之不相沿襲蓋亦有所自矣

周饕餮觚

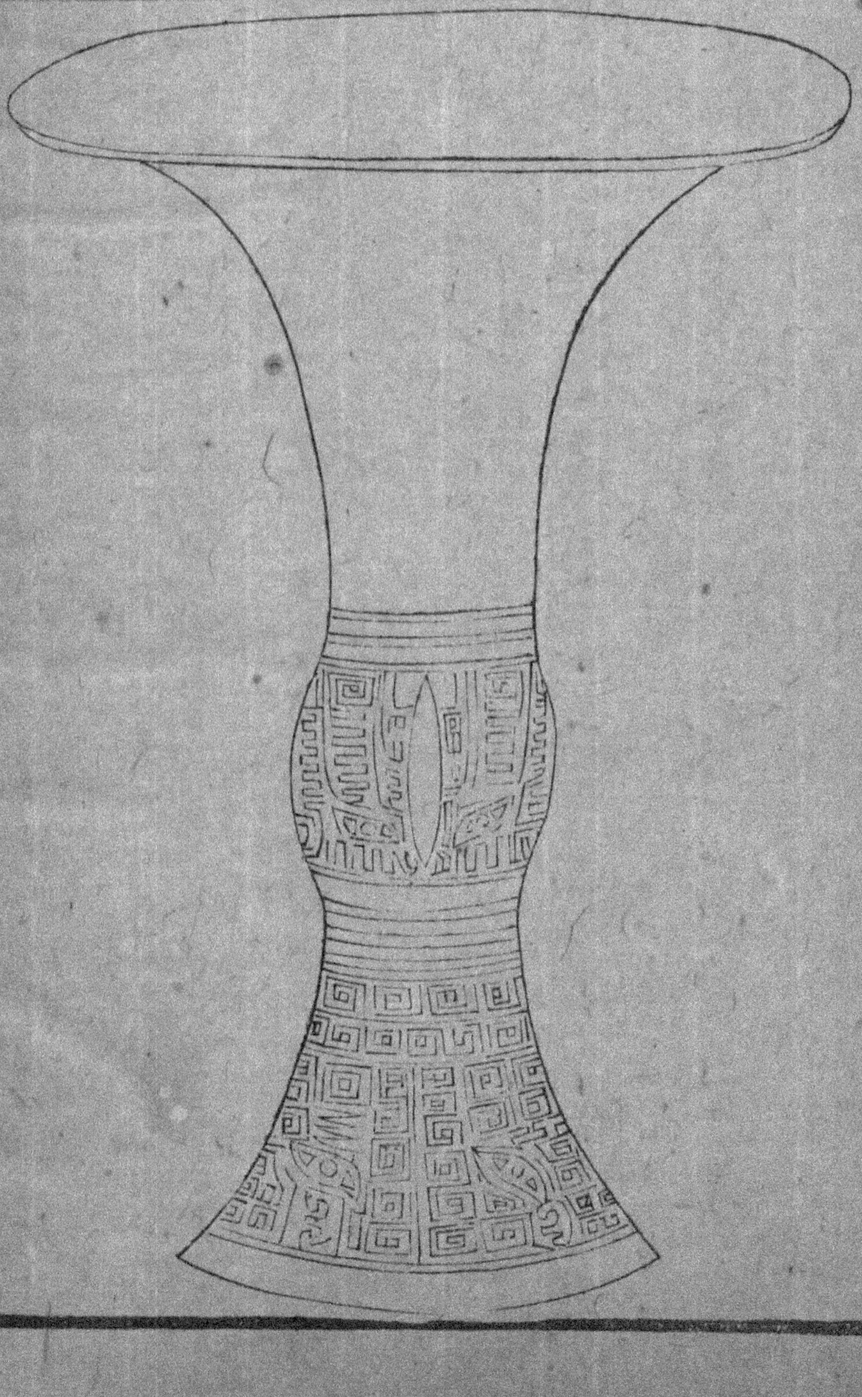

右高八寸六分深五寸六分口徑四寸八分容七合重一斤七兩無銘是器純緣不著文飾腹兩面有鼻為饕餮狀三代之器至食飲之具類設饕餮觚主飲故亦象此

周四虺觚

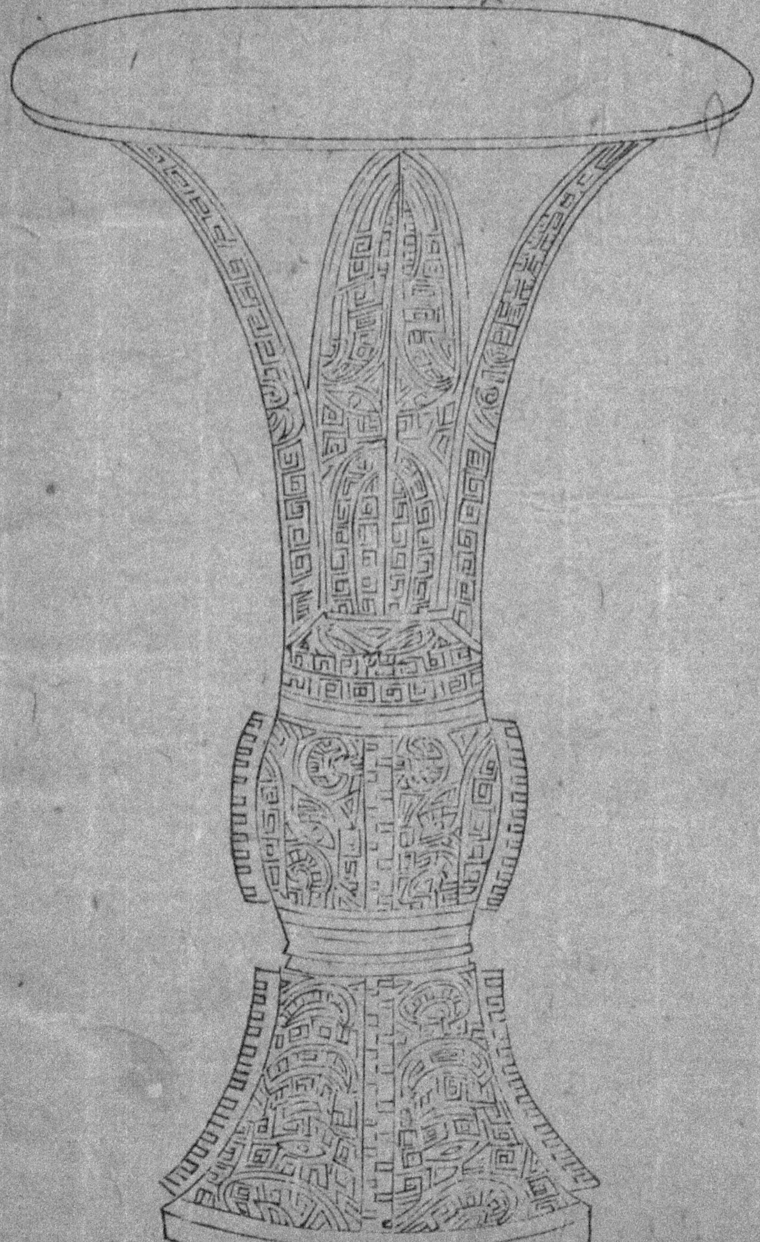

右高一尺六分深七寸五分口徑五寸二分容八合重一斤十有五兩無銘四面皆飾虵形以雷紋間錯夫虵之求伸待雷而後動而雷之震驚必以其時觚飲器也其飲得不以時哉

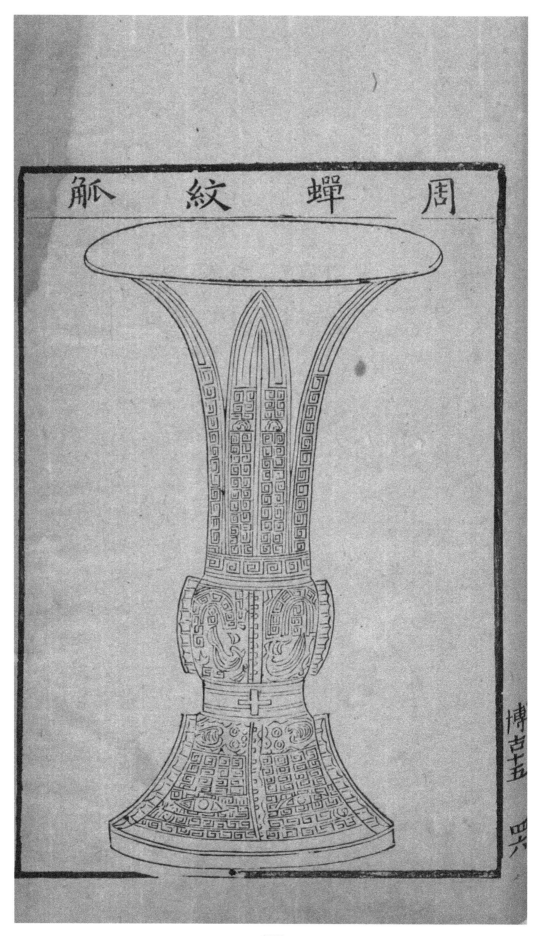

周蟬紋觚

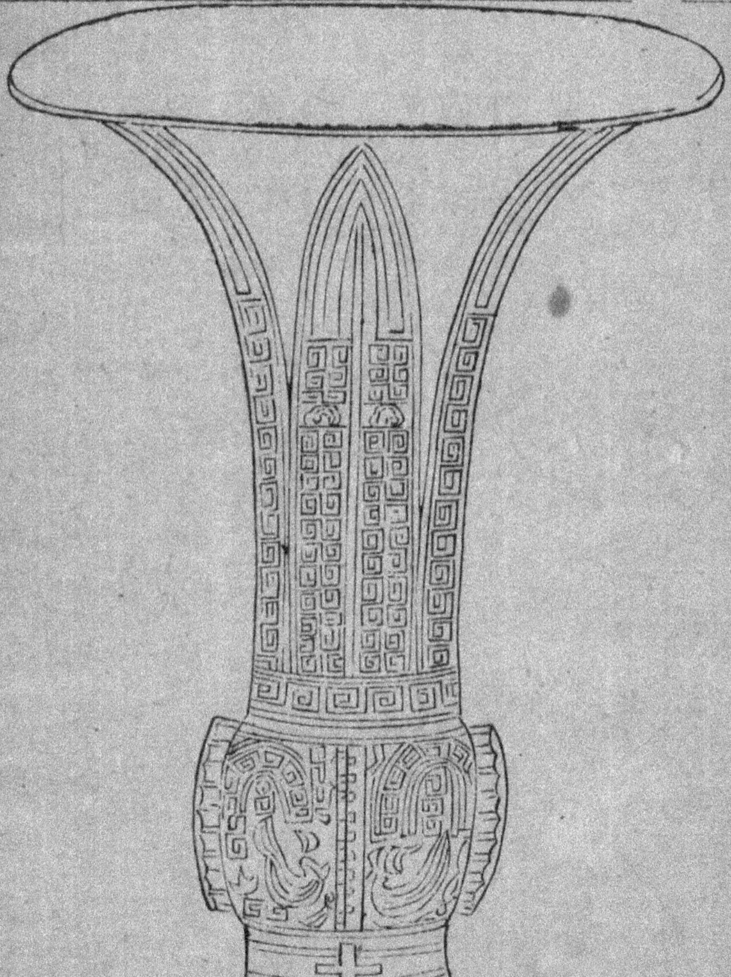

右高九寸七分深六寸四分口徑五寸五分容一升重一斤十有四兩無銘通腹與足兩面為饕餮狀細錯雷紋足之上文以四蟬純之外飾以四山蓋蟬之為物捨汙穢而趨高潔者也而古人取象於物豈無義哉

周雷紋四山觚

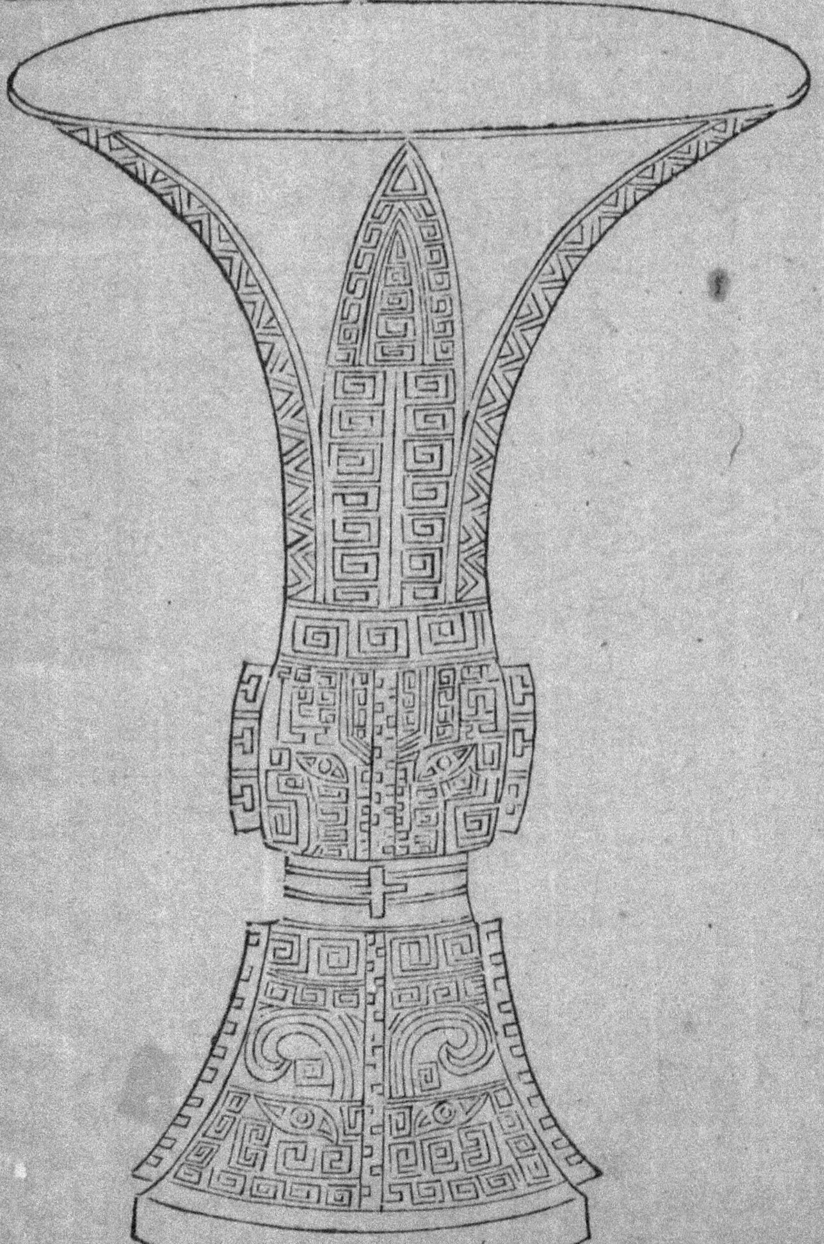

右高八寸五分深五寸七分口徑四寸七分
容七合重一斤四兩有半無銘腹足之上作
雙夔狀而雷紋間錯純之外飾以山形而下
鏤以雷觀其取象於雷者是以示戒

周雲雷觚

右高九寸三分深六寸三分口徑四寸八分容八合重一斤一十兩無銘觚之爲飾類作山形間之饕餮雲雷之象蓋觚爲飲器而取象制義皆存乎戒此器雖無銘款以考其世代而比商器則文繁縟故知爲周物也

周雷紋觚一

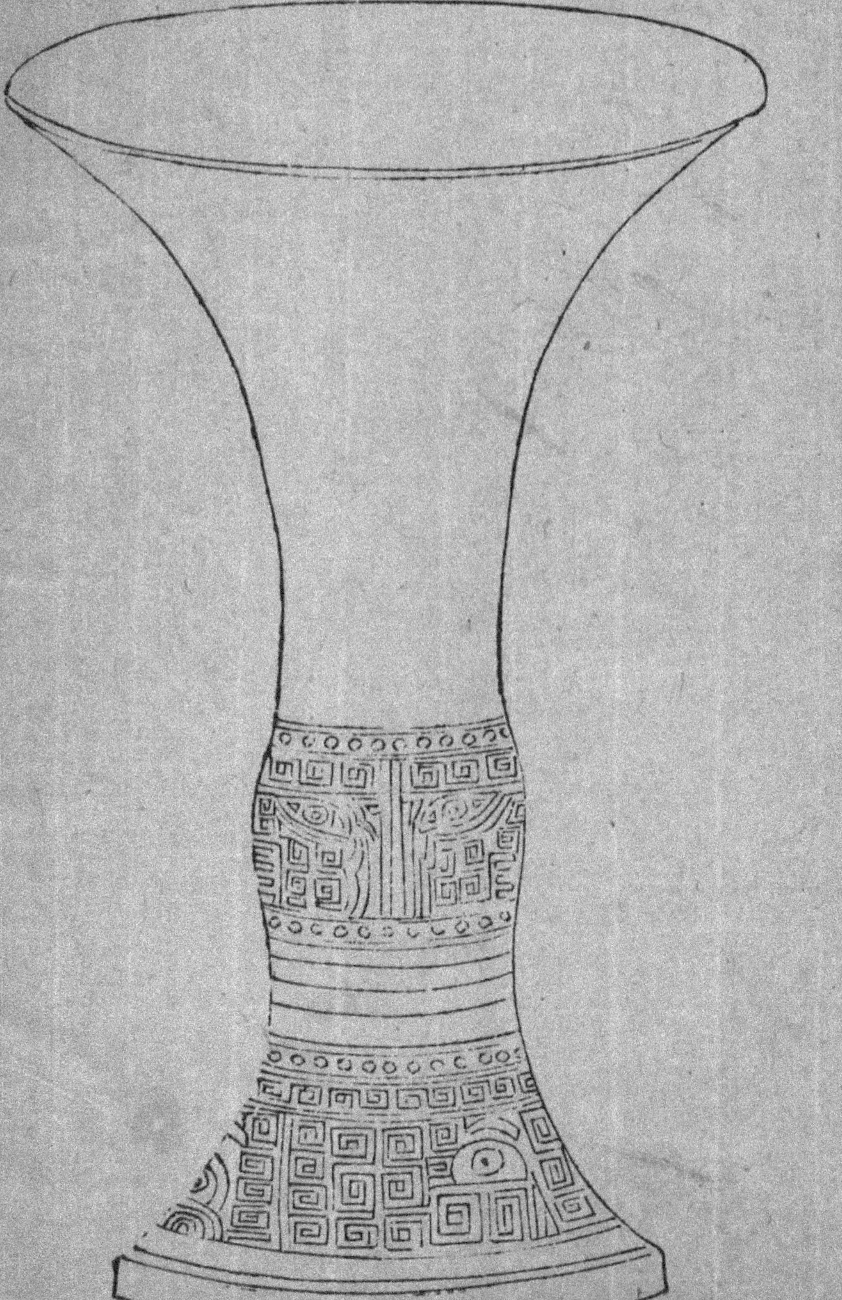

周雷紋觚二

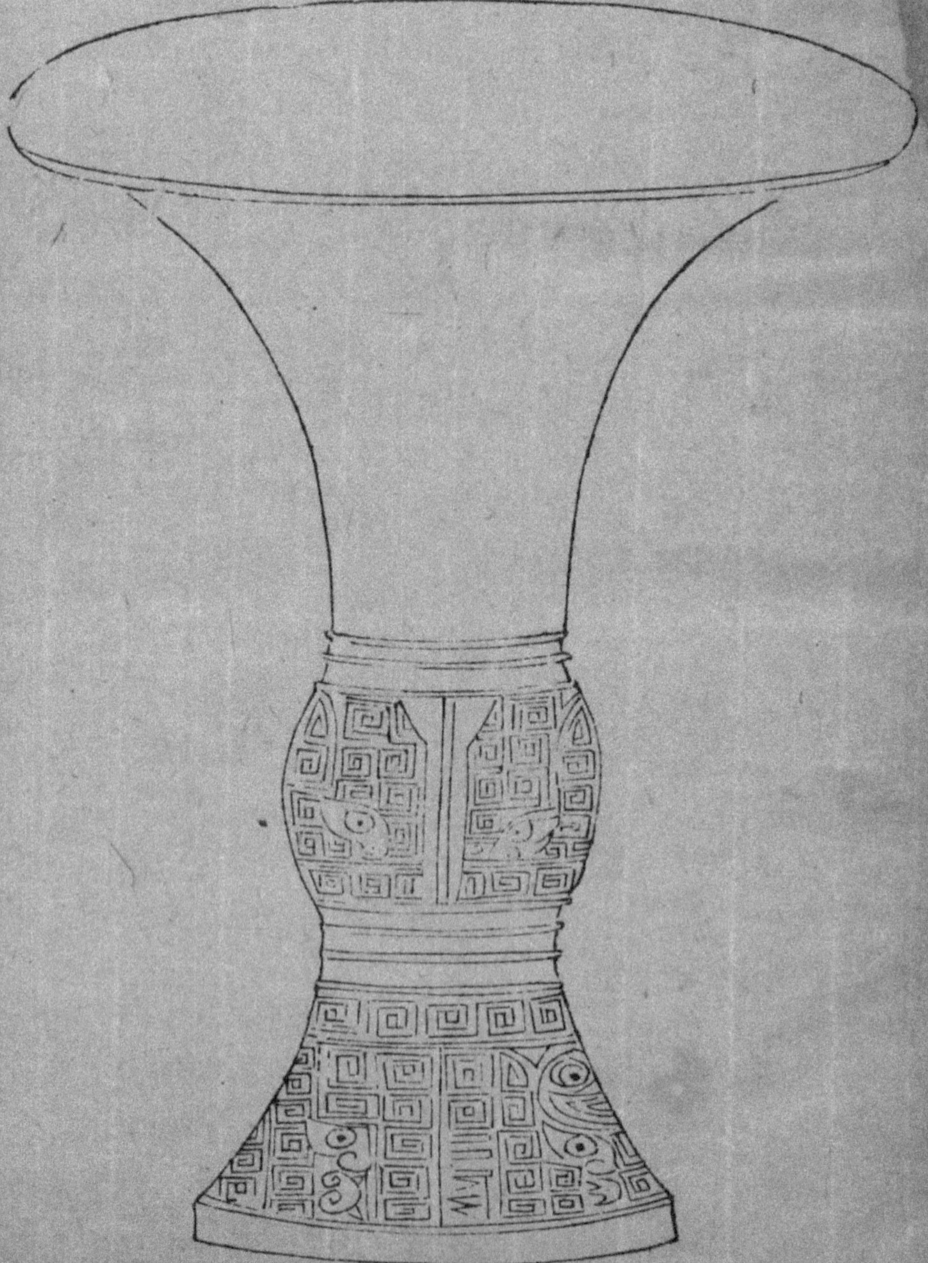

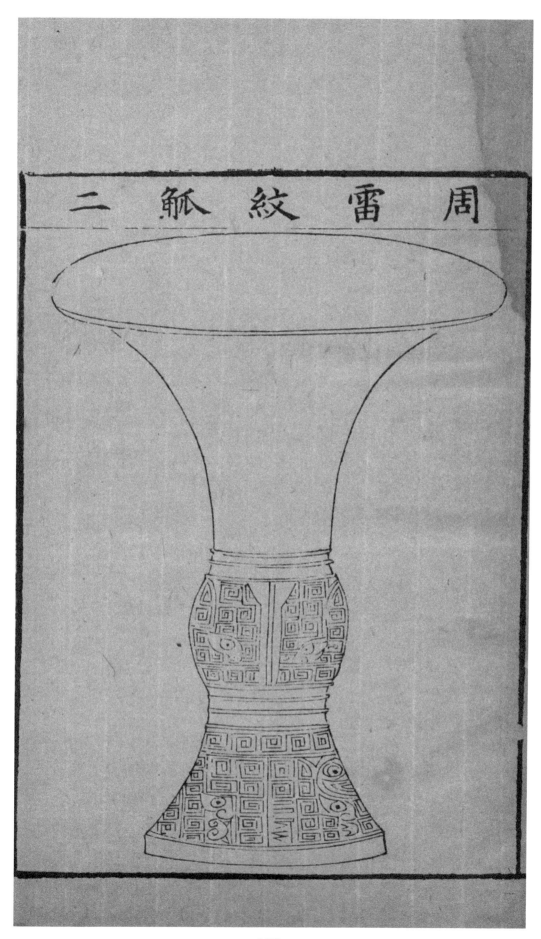

周雷紋觚三

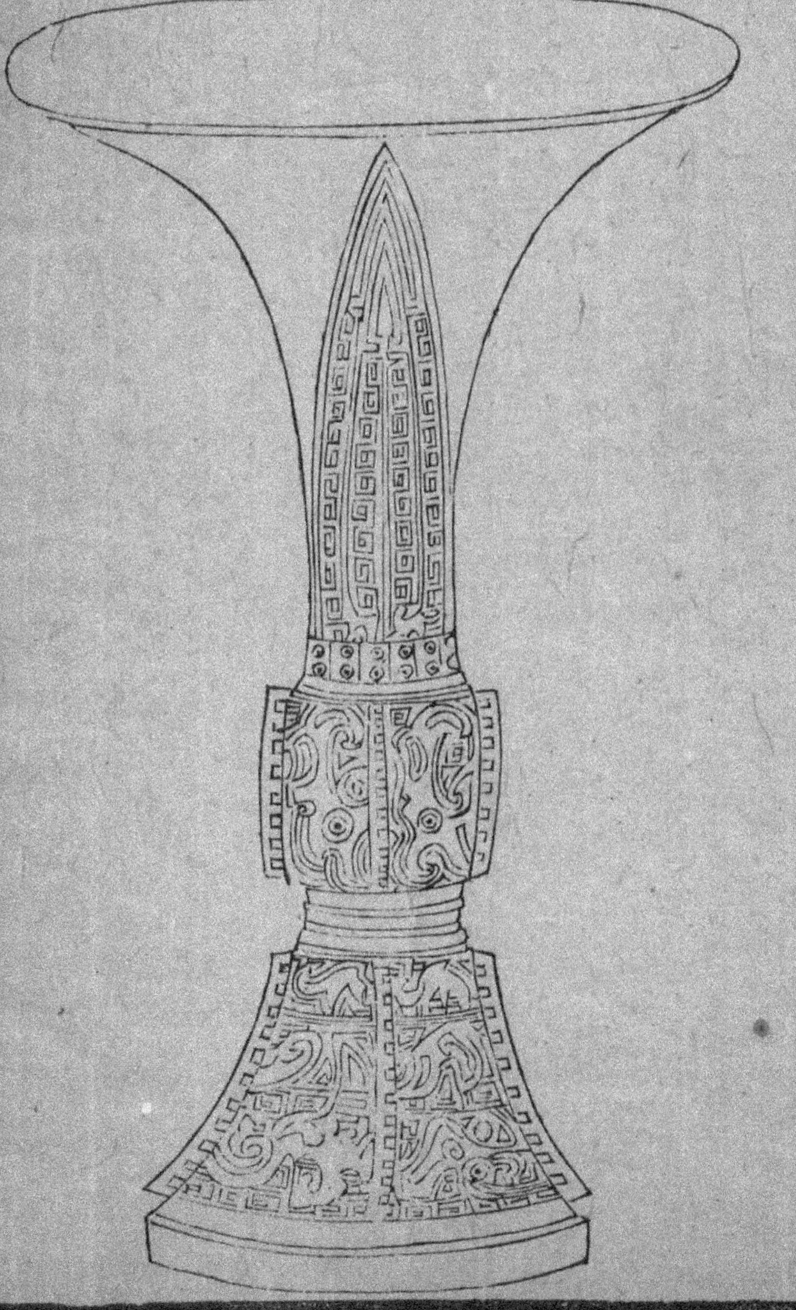

周雷紋觚四

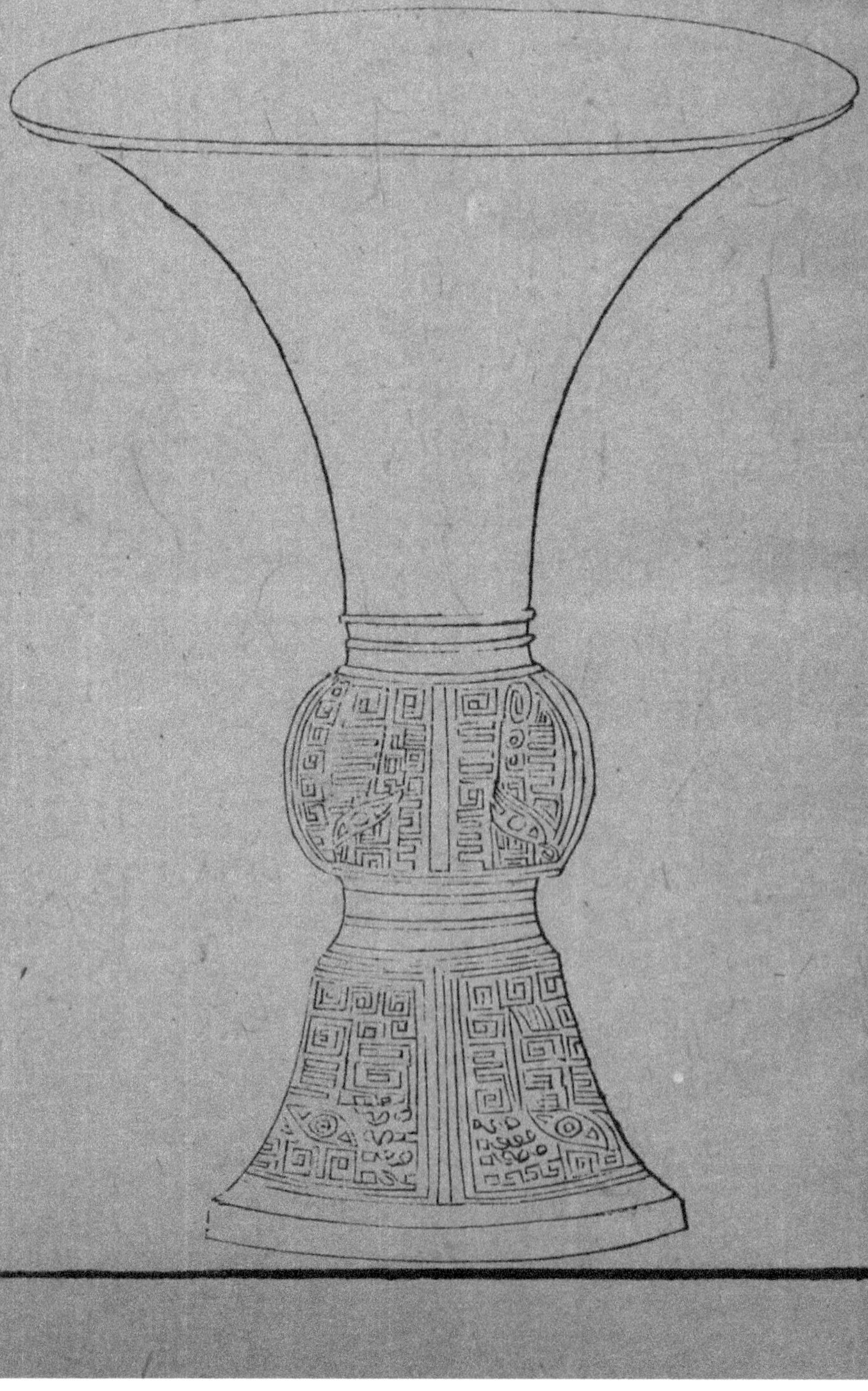

周雷紋觚五

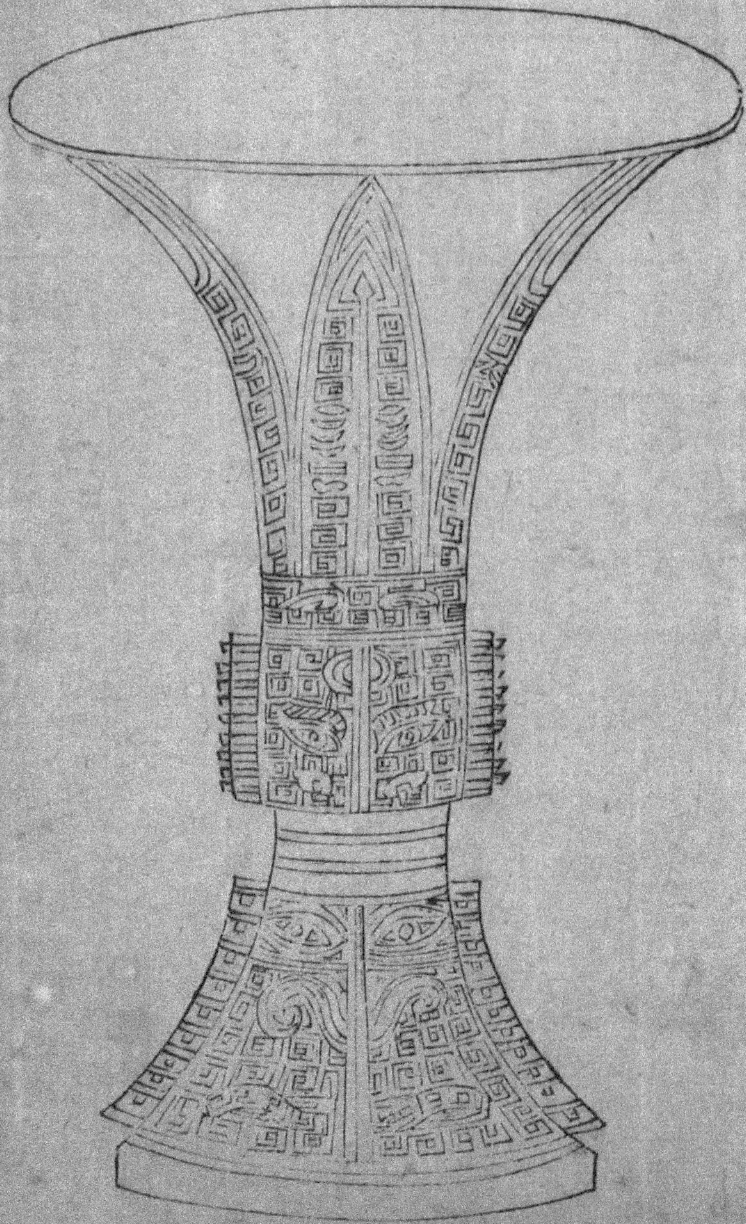

周雷紋觚六

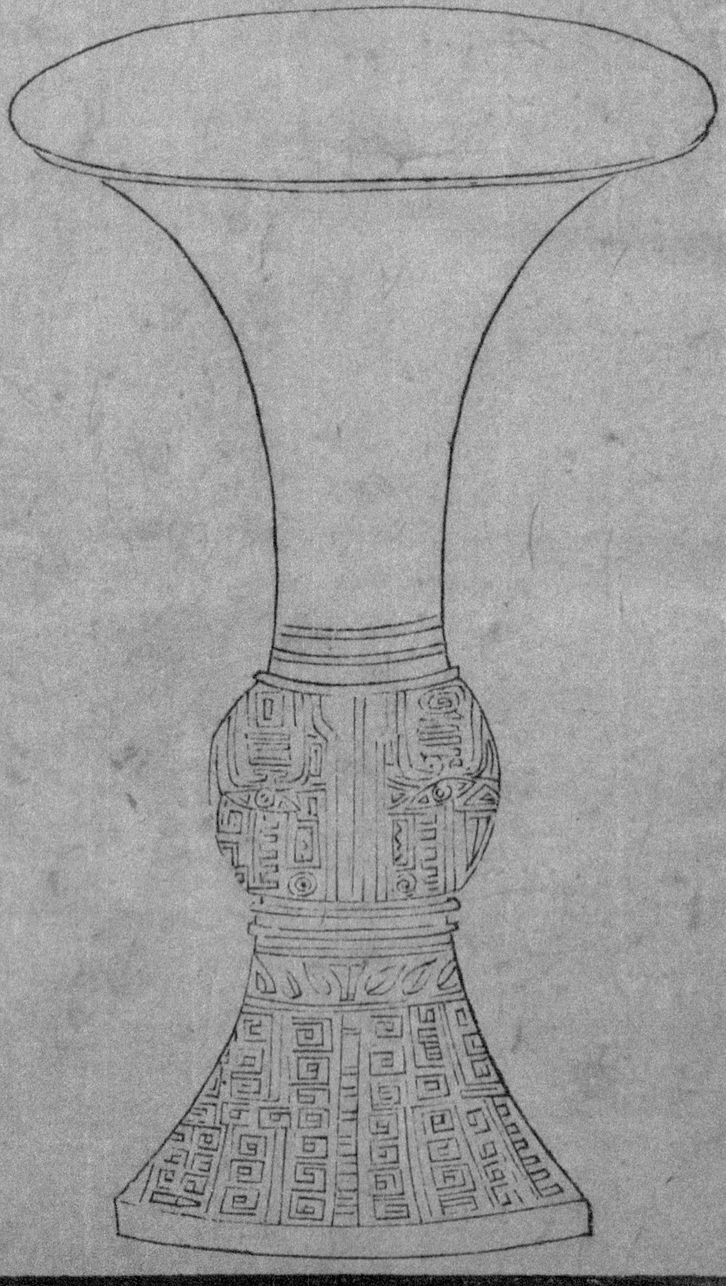

周雷紋觚七

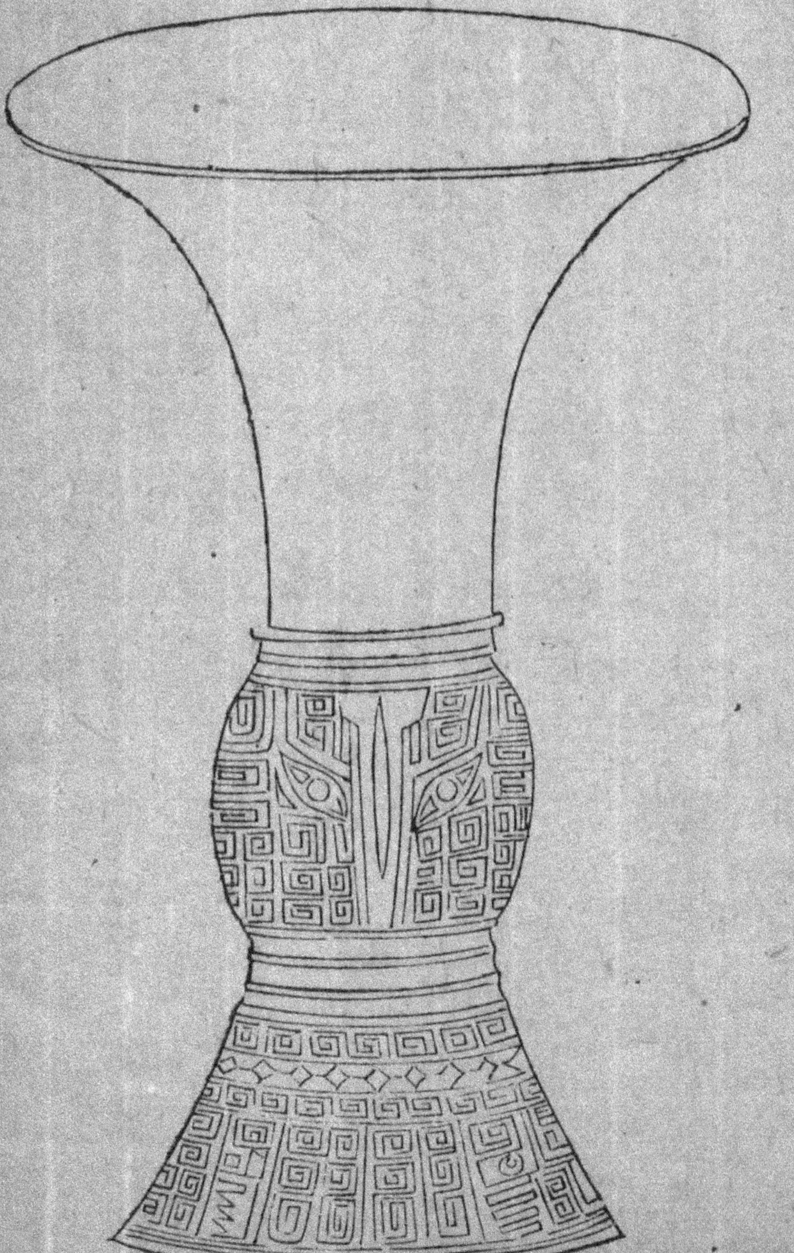

第一器高八寸五分深五寸九分口徑四寸四分容八合重一斤無銘

第二器高八寸四分深五寸五分口徑五寸二分容一升重一斤五兩有半無銘

第三器高一尺深六寸八分口徑五寸二分容八合重一斤九兩無銘

第四器高九寸一分深六寸六分口徑五寸四分容一升二合重二斤五兩無銘

第五器高一尺深六寸六分口徑五寸五分
容八合重一斤十有三兩無銘
第六器高八寸二分深五寸四分口徑四寸
七分容八合重一斤六兩無銘
第七器高七寸八分深五寸口徑四寸四分
容七合重一斤九兩無銘
右七器皆以雷紋饕餮為飾所異者第三器
腹足之間作四夔腹之上作四山周以雷紋

第五器腹是隱起饕餮純外有四山下為虺形觚之為器戒心已默寓其名而又類為饕餮虺者是欲懲其貪婪而將之以德也

周小圜觚一

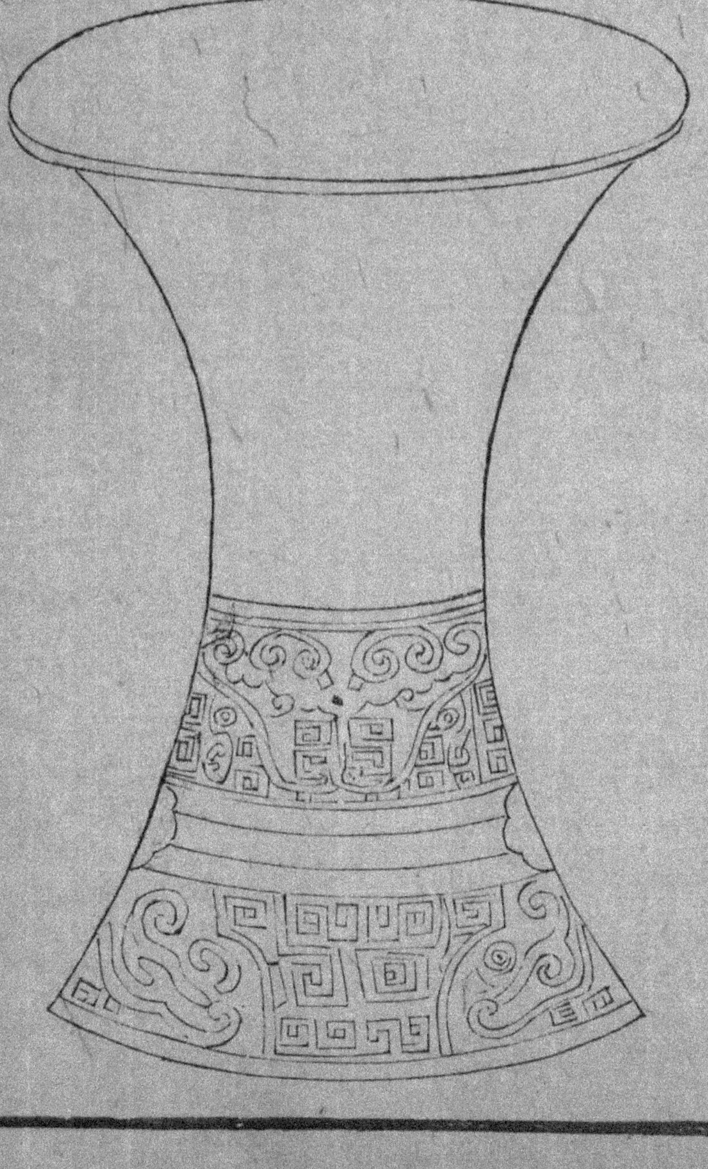

博古十五

五四

高六寸深四寸三分口徑四寸容六合重一斤一兩無銘

周小圜觚二

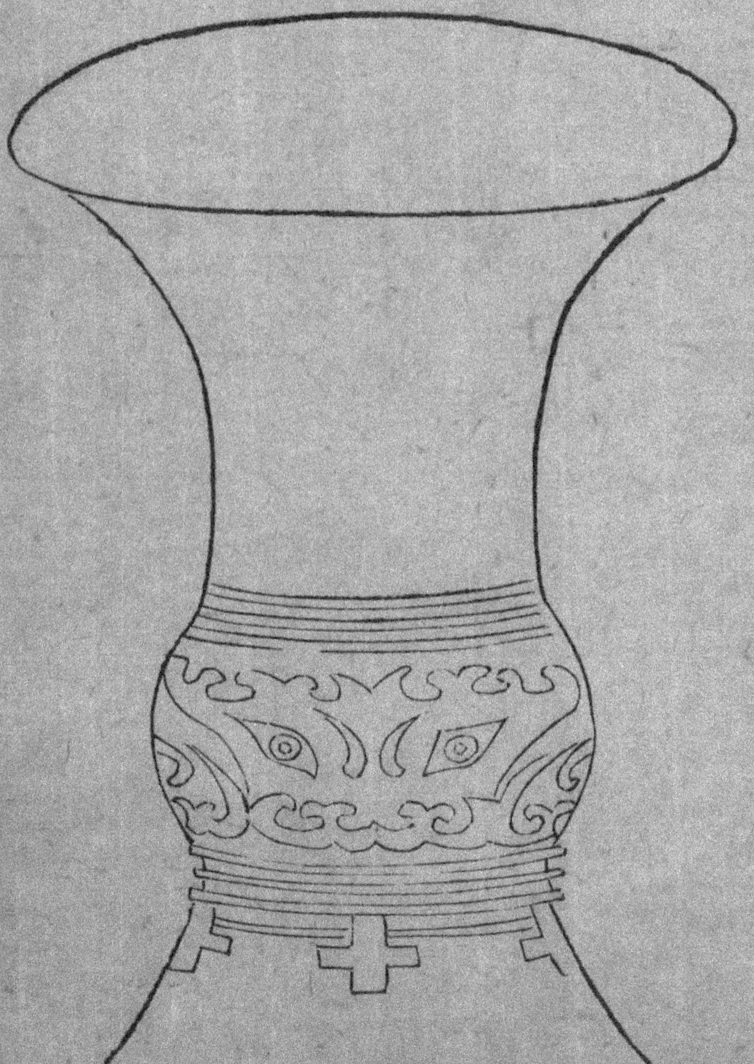

博古十五

卅五

高五寸五分深四寸五分口徑四寸一分容八合重十有三兩無銘

右二器形制似觚而四隅無稜腹著饕餮唯後一器設飾少異方之諸觚而類皆短小亦可愛也

周素觚

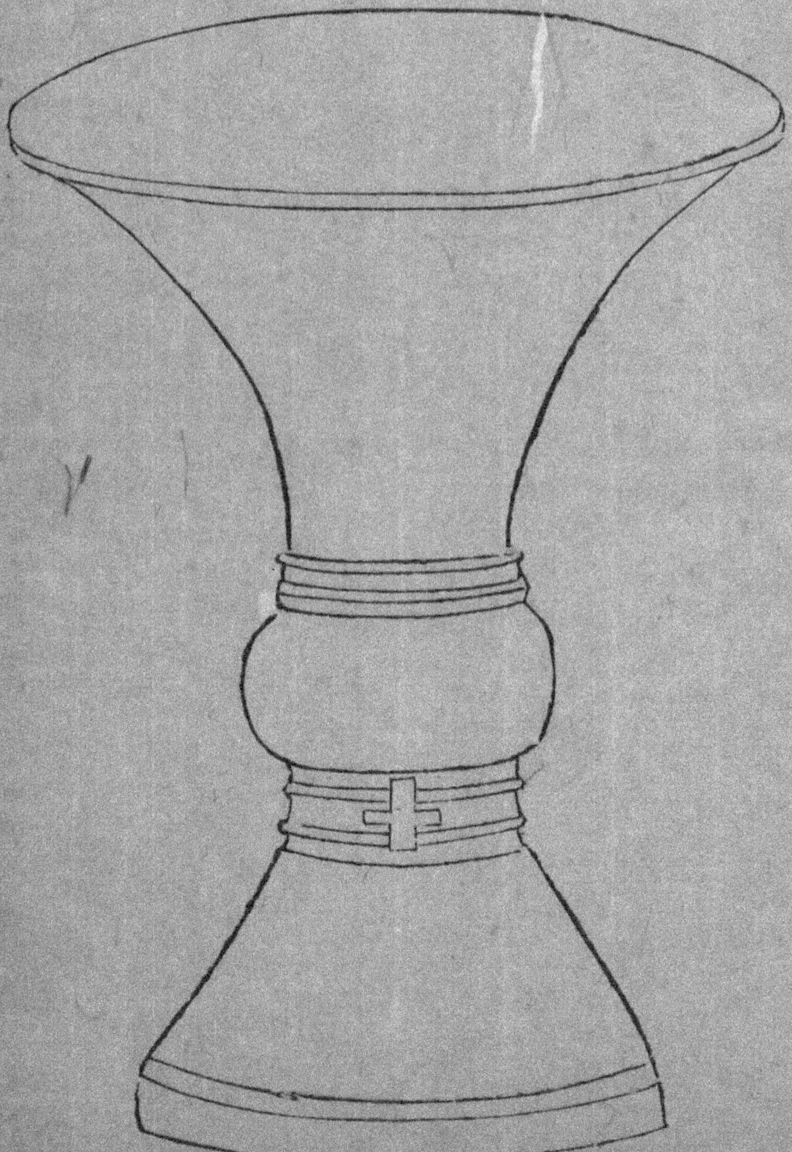

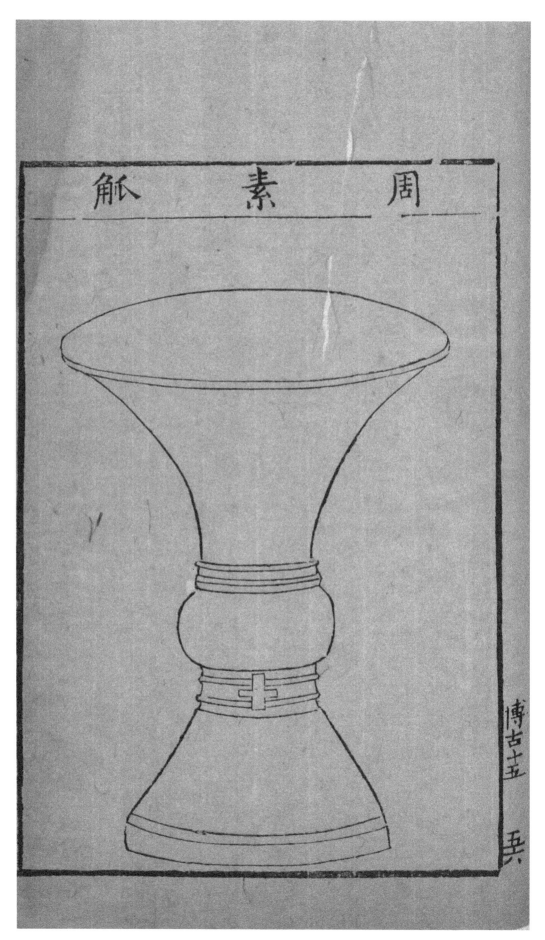

右高六寸五分深四寸二分口徑四寸容六合重一十三兩有半無銘凡觚之形必爲觚稜狀或飾以山形以至作黄目雷紋種種之異駄是器則自純緣而下通體皆純素是間兩旁又有竅畧相通貫莫知其何所用也

博古圖錄考正卷第十五

博古圖錄考正卷第十六

斗二器

漢

匏斗一

匏斗二

卮四器

漢

建光卮銘六字

蟬紋巵

雲雷巵

螭首巵

觶五器

商三器

立戈父辛觶銘三字

立戈觶銘作立戈形

山觶

周二器

父貝觶銘一十一字

饕餮觶

角一器

周

雙弓角銘八字

杯一器

漢

漢匏一斗

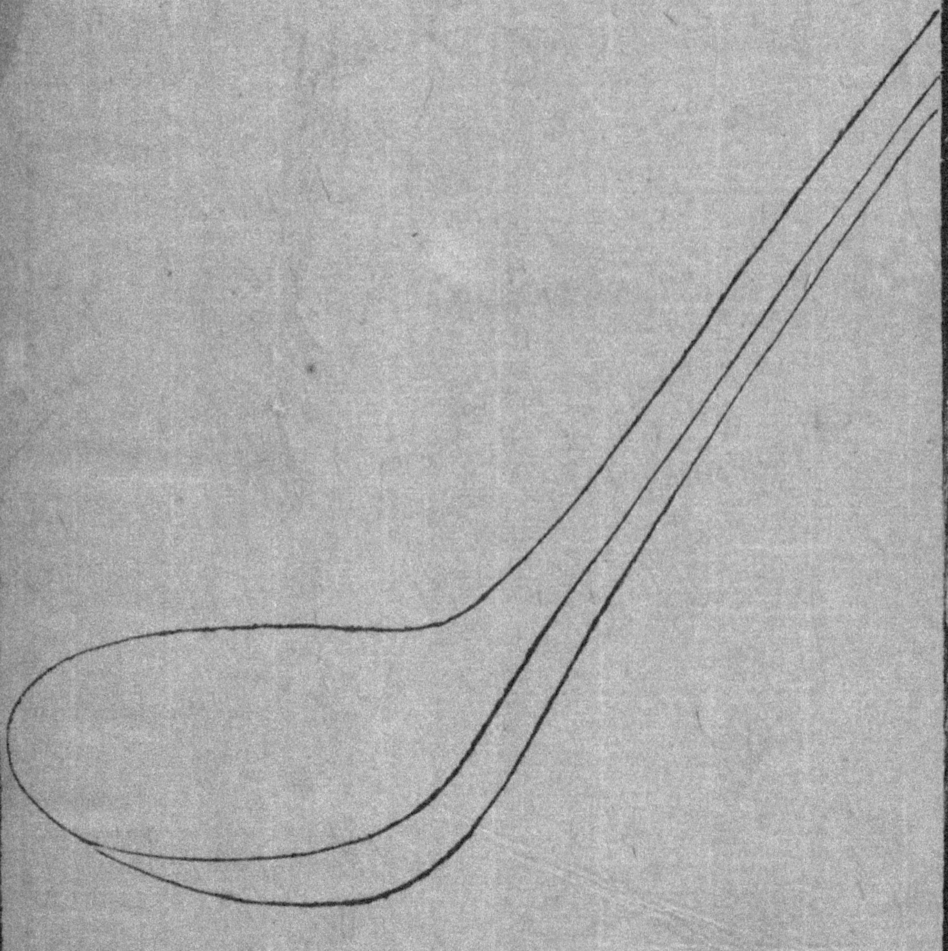

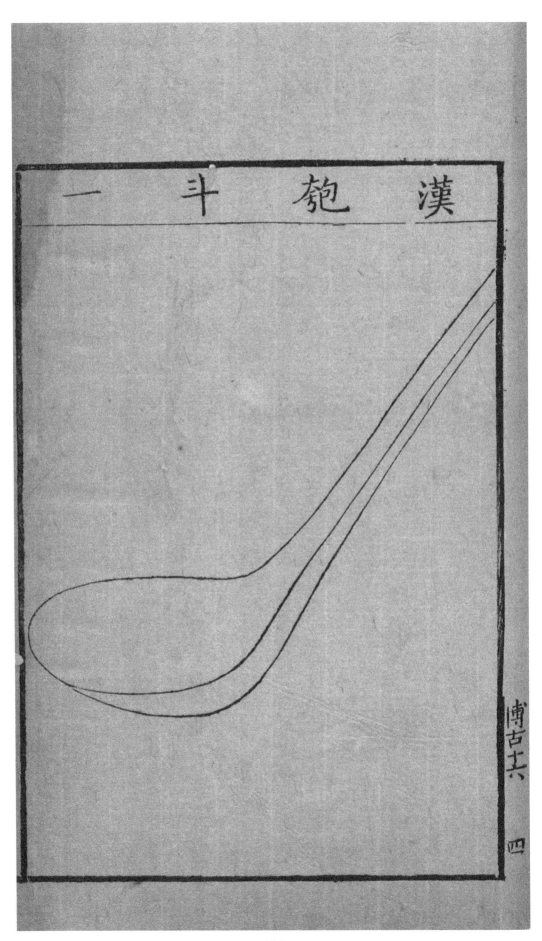

漢匏斗二

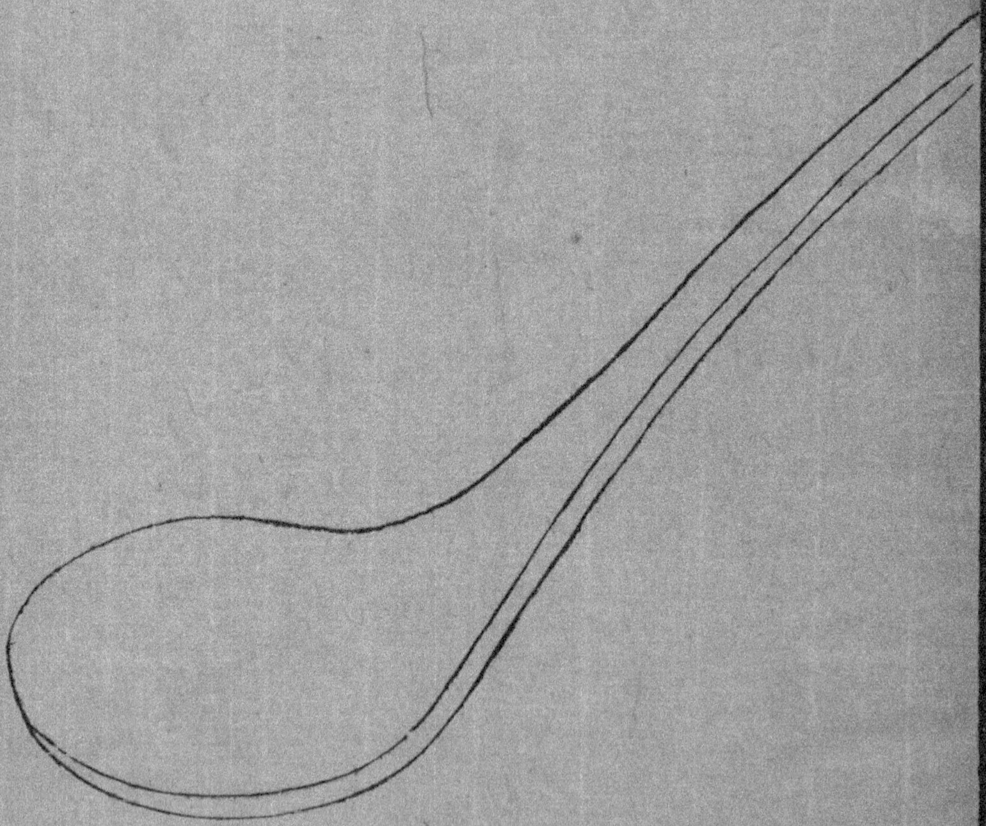

前一器長一尺一寸五分深一寸二分口徑
三寸三分容三合重六兩有柄無銘
後一器長一尺一寸深一寸一分口徑三寸
六分容三合重六兩有半有柄無銘
右二器皆斗也如匏而半之樂之八音匏居
一焉蓋以象天地之性今斗取象於匏斯亦
古人遺意歟

漢建光卮

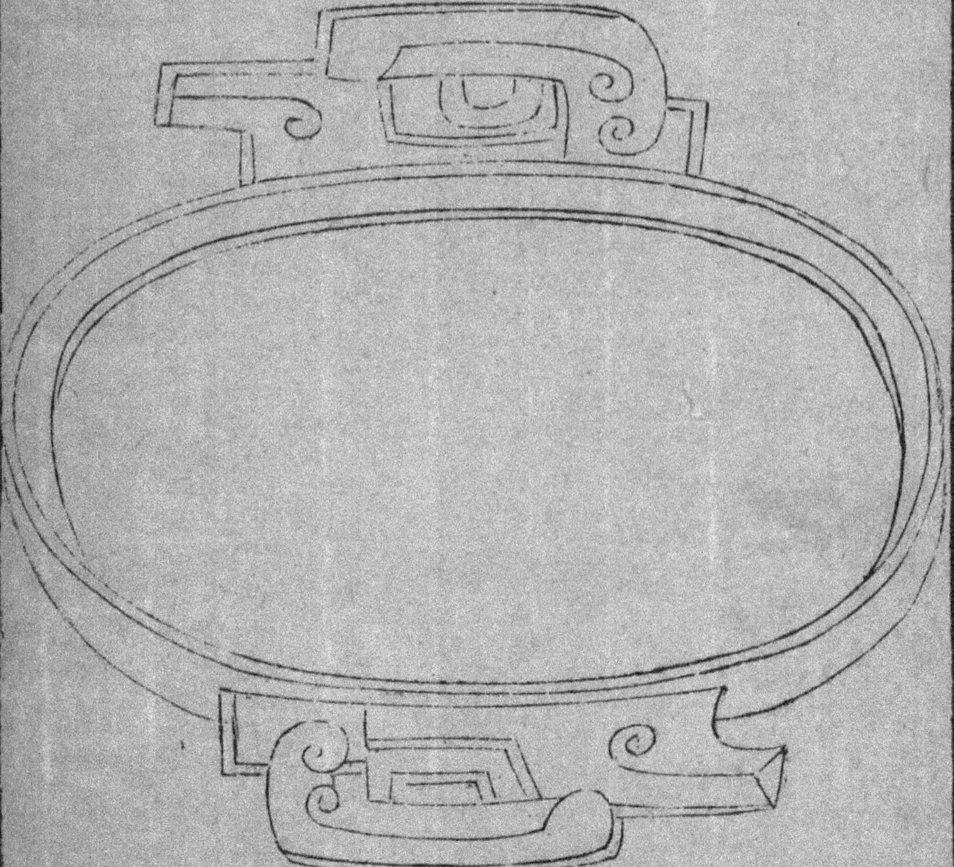

建光中室有四

右高四分口徑長七寸一分闊四寸三分重十有二兩兩耳銘六字曰建光中室有四按

東漢孝安帝即位之十六年名其年紀曰建光是器蓋於建光中造也中室之稱者宜其有五室而此特中室之器耳蓋漢武立帳則有甲乙言中室有四則其他亦或有數也是器之形若桮圈而復有兩耳以金塗之圈之口已下不完蓋所得之處如此惜乎不全耳兩耳回旋不齊蓋於製作有取焉

漢蟬紋卮

漢雲雷卮

漢螭首卮

前一器高二寸五分深二寸四分口徑長三寸九分闊三寸一分容九合重一十二兩有半兩耳有鋬無銘

次一器高二寸四分深二寸三分口徑長四寸闊三寸五分容八合重六兩兩耳無銘

後一器高二寸二分深二寸一分口徑長三寸七分闊一寸八分容八合有半重七兩兩耳有鋬無銘

右三器皆危也危之為義上窮而危一而節則無危矣謂之危巳寓戒於其間也一為圈足二無足而平取清高而不貪則著之以蟬紋欲時動而澤物則文之以雲雷至於飾以螭首又欲其仁威兼濟也按周之酒壷亦有以交螭為飾者盖仁以相交威以有制古人飲器其著戒也大率如此

商立戈父辛觶

父辛立戈形

右高三寸九分深二寸四分口徑長三寸闊二寸六分容六合重一十三兩有半銘三字曰戈父辛盖父辛者稱其號立戈者表其功也是器純素無紋形制比他觶而橢以商言之爵也觚也甗也皆有立戈之形類銘之父辛此為商器斷可見矣

商立戈觶

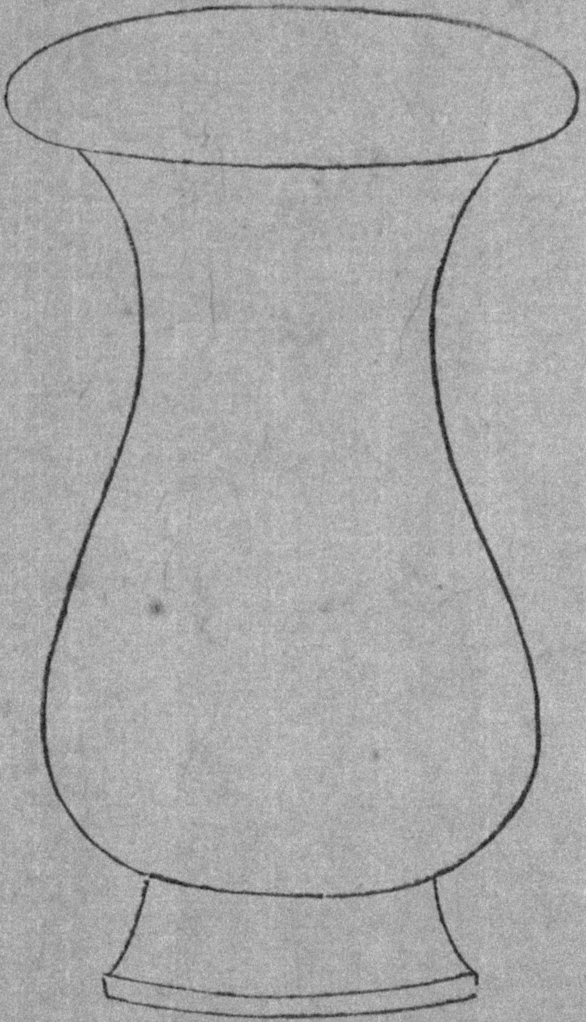

立戈形

右高四寸六分深四寸口徑二寸七分容四合重八兩銘作立戈形其制比它觶為特圜且無文飾真商器也夫戈戟者刺而傷物銘以著之蓋将以貽酒戒而觶之為義取夫其窮為單亦曰飲以禮而不可過也古人寓諸形器豈苟然哉

商山觶

博古十六　十三

右通蓋高五寸九分深三寸一分口徑長三寸三分闊二寸六分容八合共重一斤十有四兩無銘是器觶也通體作雷紋間以饕餮純緣下環以十二山今尊罍觚爵類以山形為之飾觶其類也故設飾畧相似獨比他觶有蓋雕鏤尤工為可寶者

周父貝觶

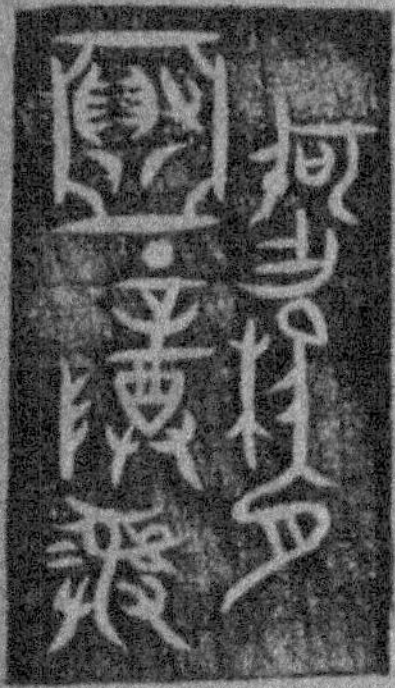

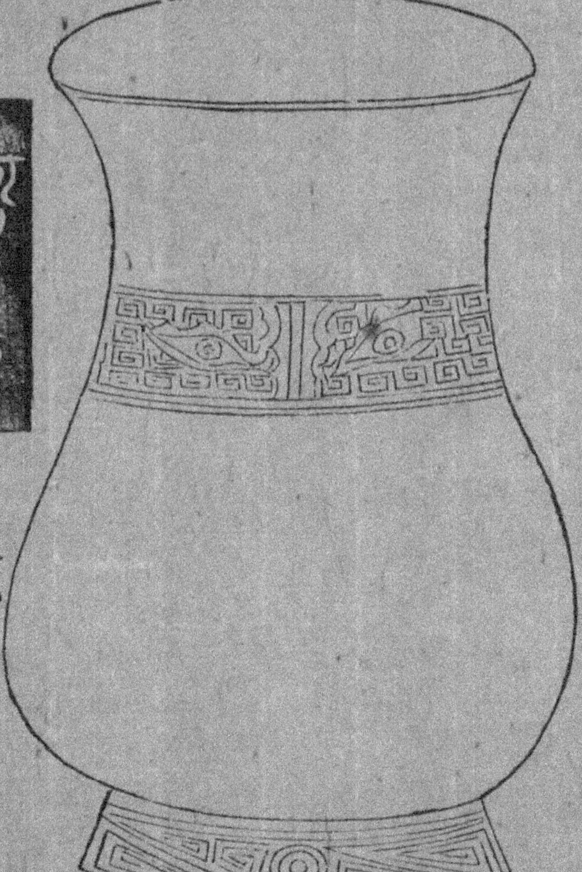

何作人執木形
亞形中父貝○丁辛尊彝

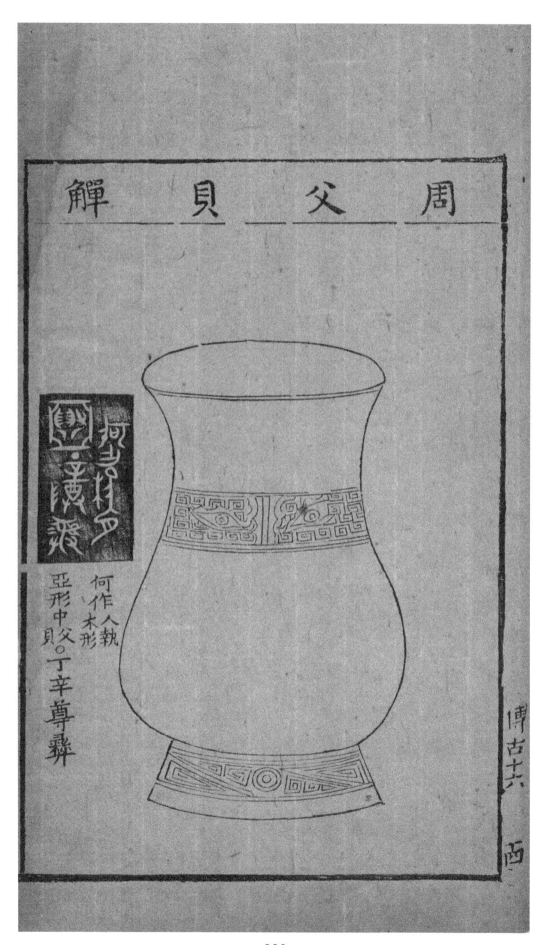

右高四寸七分深四寸口徑長一寸五分闊二寸二分容五合重九兩三錢銘十一字曰何作父貝丁辛尊彝又寓之以象其制圜而犢旁著饕餮之紋是有四目以取尊寓黄目之意其腰則雷紋饕餮互為盤結稽之爵卣或以父舉或以父庚為號此云父貝者書其名也而是觶則設之祭祀宴享之間所不可廢者此書名所以示其謹耳

周饕餮觶

博古十六 十五

右高三寸五分深二寸八分口徑長二寸七分闊二寸一分容五合重一十二兩有半無銘夫觶在飲器中所取最寡然昔人於此防閑其沈湎淫泆猶以饕餮示其訓則知列鼎盛饌未嘗不有戒心此亦先王慎微之意焉

周雙弓角

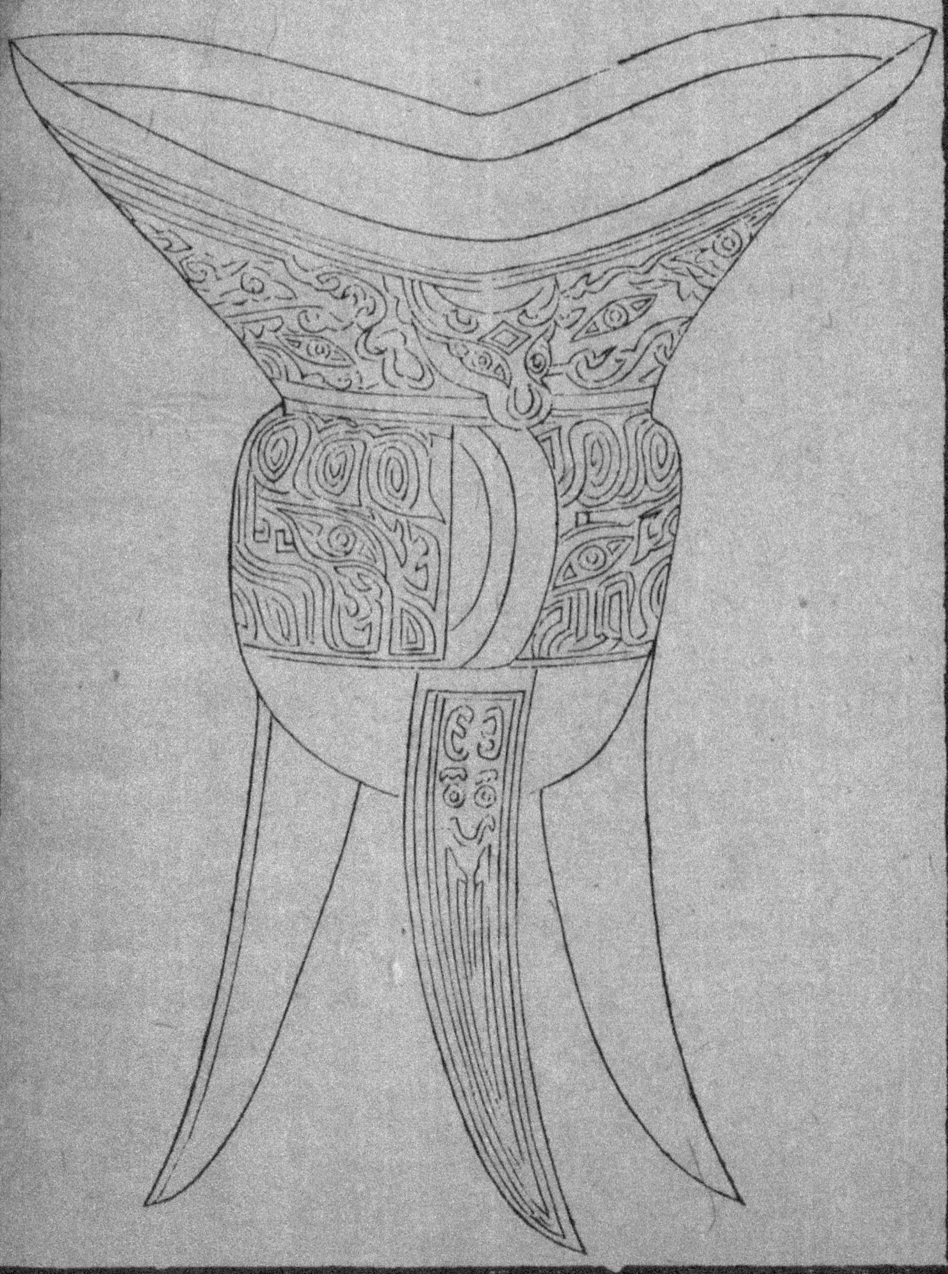

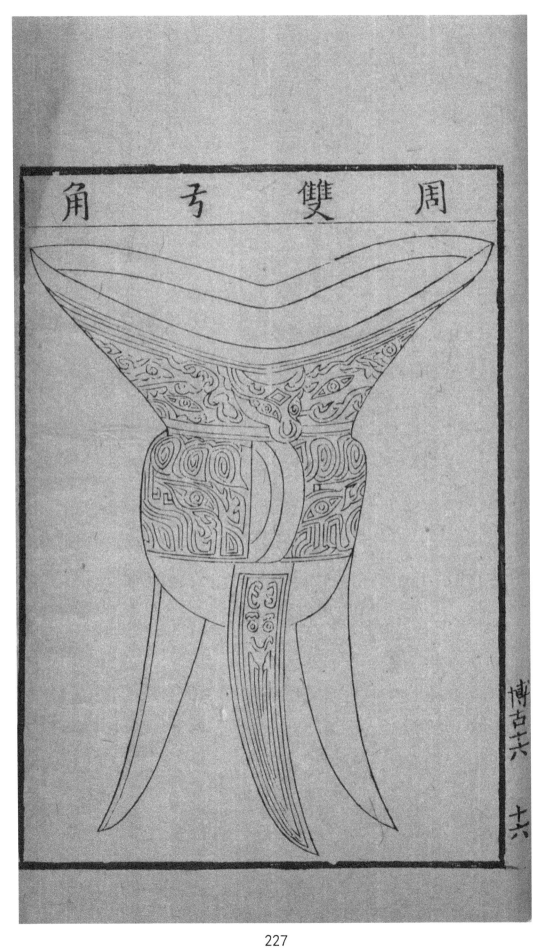

器

冊　祖
雙弓作
冊　乙

鋈

亞形倒戈
中

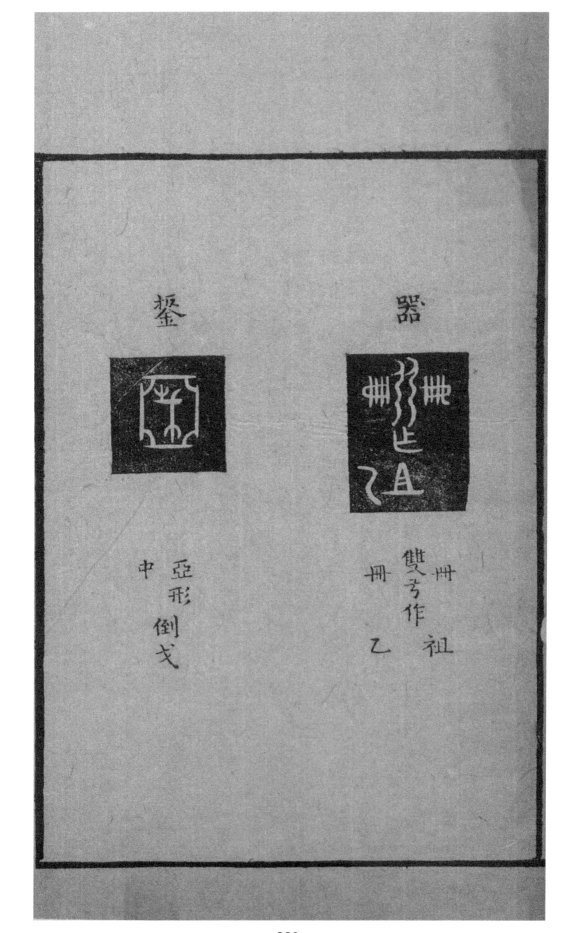

右高八寸三分深三寸四分口徑長五寸五分闊三寸一分容七合重二斤二兩有蓋器與蓋銘共八字曰作祖乙為雙弓之形旁作兩冊又為亞形中有倒戈是器畧類父已角而特小兩面為雷紋饕餮蓋飾以牛首然兩弓狀皆弛而不張蓋示其耀德不觀兵之義亦着倒戈示其不用耳古者有文事必飾之以文有武備必飾之以武於其大饗之禮猶

有白黑形䀈以昭其武而況用於飲器彰哉勝者飲不勝於習射固存此義則夫象諸形器者可後是哉

漢犧首杯

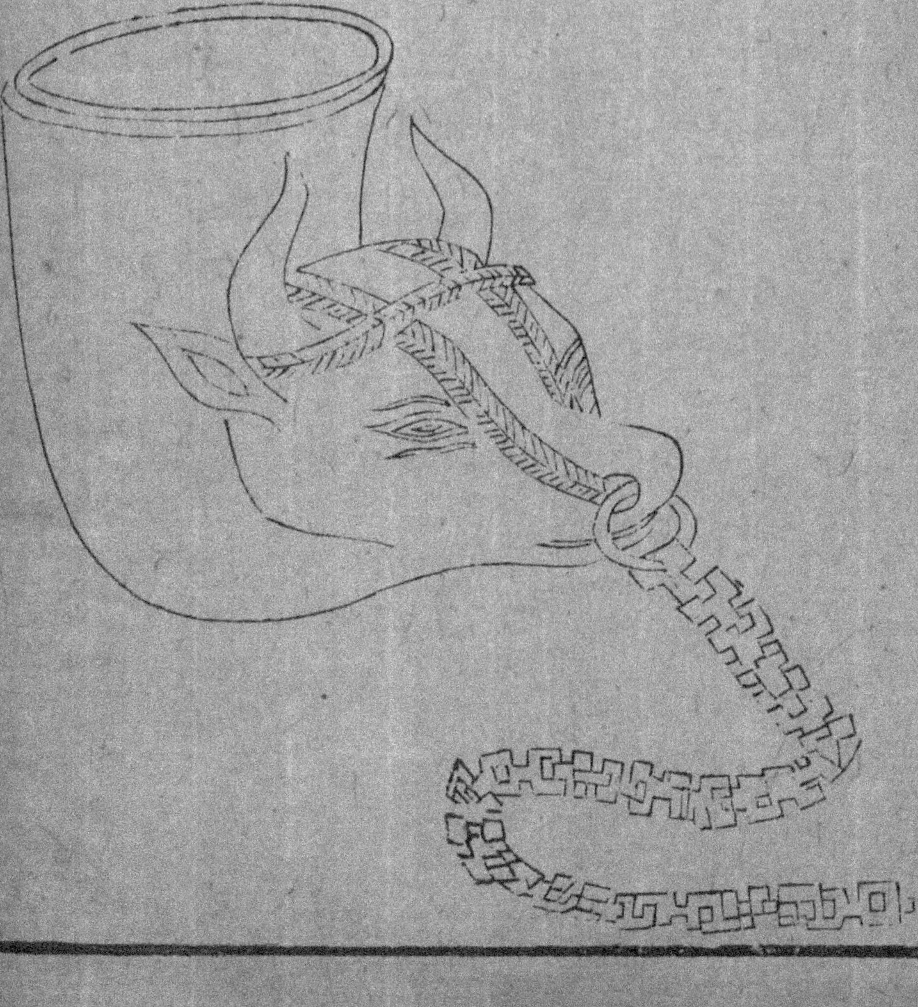

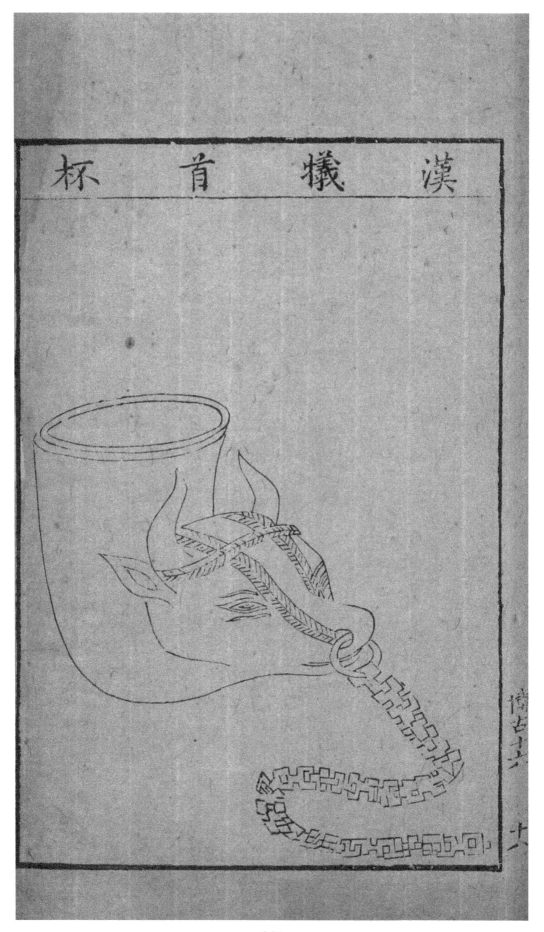

右高二寸七分深二寸六分口徑二寸三分闊三寸二分容三合共重八兩鼻連環索無銘是器作牛首頸領狀可爲飲器角間又絡以絢紐仍以魚骨小索貫其鼻而鎔治之工非今人可到詩所謂酌彼兕觥者其近似之

敦總說

厥惟禮初汙尊杯飲蕢桴土鼓惟時通誠導和而鬼神可致若乃後世粢享盡九州之味韶濩備九成之舉然後視禮初之制者爲不足施于今是豈古拙而今乃工耶此制作之君與時爲損益五帝不相沿三王不相襲亦非好異而作古也時異則迹異耳若乃敦者以制作求之則制作不同上古則用瓦中古

則用金或以玉飾或以木為以形器求之則形器不同設蓋者以為會無耳足者以為廞或與珠槃類或與簋簠同以名求之則名不同或以為土簋或以為玉鍪以用求之則用不同或以盛血為尸盟者之所執或以盛黍稷為内宰之所贊以數求之則數不同明堂位曰有虞氏之兩敦小宰則曰主婦執一金敦黍此敦之制故不可以類取之也今歷觀

其器書畫蟲鏤因時而制踵事增華變本加
麗求合於古則不可得而定論故今所見形
器一體而類多者有若鼎三足腹旁有兩大
耳耳足皆有獸形其蓋有圈足却之可置諸
地者如邿敦伯庶父敦寏辟父敦之類是也
其閒形器不一方之邿敦諸器小異而無蓋
若哆口圈足下連方座者毀敦是也上鈦兩
耳者周姜敦是也耳有珥足作圈者伯敦碏

博古十六 辛

敦周虔敦是也自毀敦而下四器雖形器不一終不失敦制而又皆銘之為敦因以附諸敦之末豈古人制器與時為宜而有所不同耶抑道衰禮壞度數與之為因革也於是若稽上古而議禮之臣因茲以成一代之典由是禮文燦然革弊陋於前古可謂盛矣彼若禮圖之制鏤龜為蓋繪形赤中與古制無畧似者殆亦學禮之士 沿襲傳注之謬補遺完

缺止能傳其所聞使夫觀乃器稽乃時雖俟
百世其無惑矣

商巳丁敦

蓋

孫巳丁

器

音釋同前

右通蓋高七寸一分深四寸六分口徑四寸二分腹徑六寸六分容五升三合共重六斤十有二兩兩耳蓋與器銘共六字蓋曰孫巳

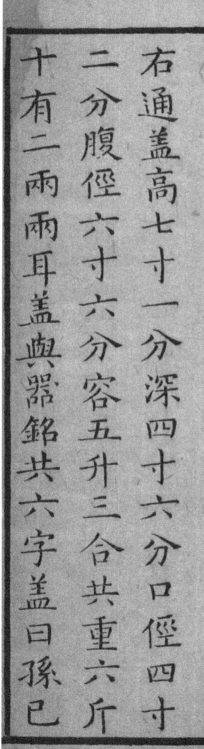

丁器曰己孫丁按商之君有以己為號者有以丁為號者然不應併銘其器則己丁者當是其享祀之日故於是又以孫銘之且享祀者孫子之職也蓋先言孫後言己丁明是器孫所自致也器以孫居己丁之中又以言孫用其日而祀之耳觀其蓋足純緣周以夔龍又著兩螭以聳其耳通腹皆列饕餮之紋比之它敦尤為特異

周散季敦

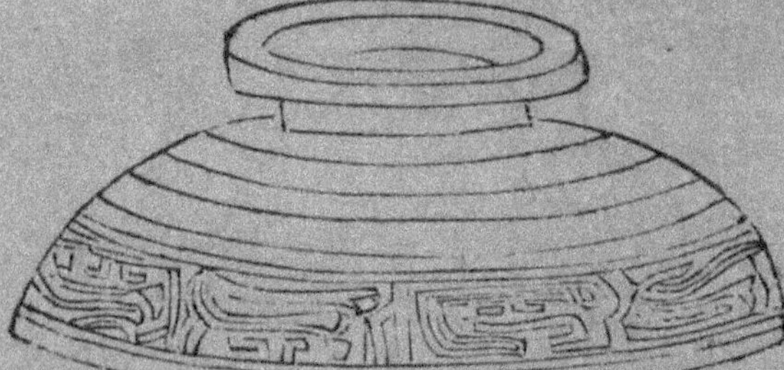

器

蓋

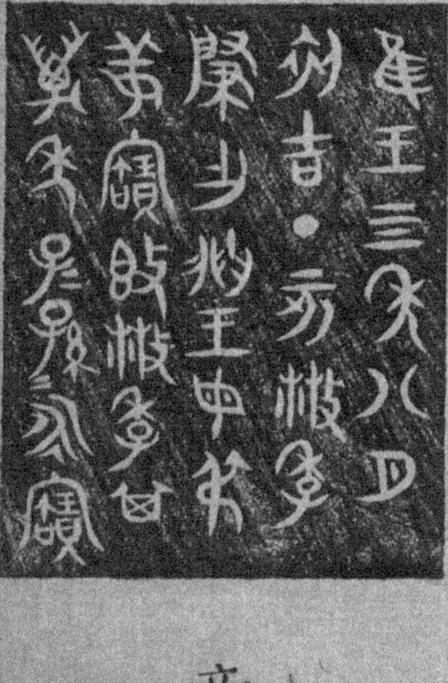

惟王四年八月
初吉丁亥散季
肇作朕王母叔
姜寶敦散季其
萬年子孫永寶

音釋同前

右通蓋高八寸四分深四寸一分口徑七寸三分腹徑九寸一分容六升七合共重十有三斤二兩兩耳有珥三足蓋與器銘共六十六字攷其銘乃散季爲王母叔姜作也昔之人神祀饗之禮其彝器食飲每通用之既以人道事乎神又以神道饗乎人此家廟中與夫平日燕居之器皆得銘而用之初無別也散季之銘叔姜敦必有一於是矣當商之末

世周之盛德文王在下遵養時晦於是四方
之賢者盡歸乎来如太公望散宜生之徒莫
不咸在文王者得此數臣以為之輔故丕顯
之謨是以貽於初丕承之烈得以繼於終迨
夫天之歷數有歸于周武王作太誓以告于
衆則太公望有鷹揚之從散宜生有執劒之
衛事業昭昭載之史冊蓋彼皆以文王舊臣
受顧命之託而成此武功焉今觀是敦考諸

款識在惟王四年八月也且文王之世散季
已爲之輔而歷數猶未歸則知所紀之四年
肇而作此者蓋武王時明矣

周毁敦

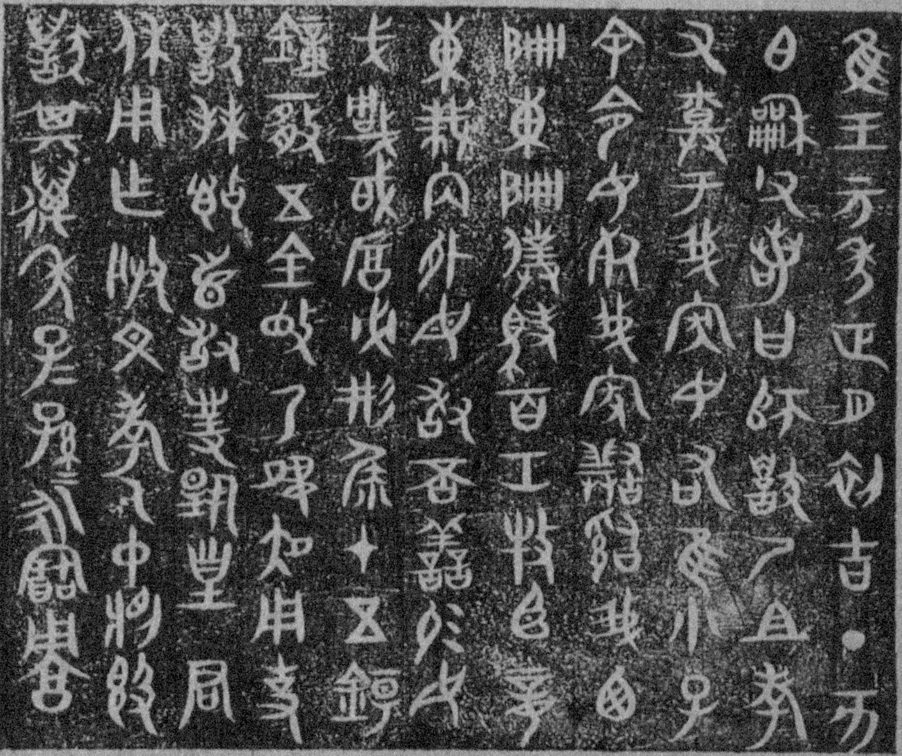

惟王元年正月初吉丁亥
伯和父若曰師毀乃祖考
有婚于我家汝佑惟小子
余命汝死我家繼治我西
偏東偏僕馭百工牧臣妾
東裁内外毋敢不善錫汝
戈矛戟縞必彤矢十五錞
鐘一磬五金敬乃夙夜用事
毀拜稽首敢對揚皇君
作用作朕文考乙仲䵼敦
毀其萬年子〻孫〻永寶用享

右高八寸一分深四寸三分口徑七寸五分
腹徑七寸四分容五升有半重十有二斤兩
耳銘一百一十三字且敦之名見於虞氏之
時而特無其制至周兼用四代之禮而敦亦
不廢然而時不相襲故形器類皆不一此器
圈足而下連方座比他器為稍異且銘伯和
父者和衛武公也衛自康叔有國至武公已
三世矣武公能修康叔之政平戎有功故周

平王命之為公今觀銘文著伯和父稱若曰則知代王而言者也其謂師𣪘乃祖考婚于我家則知為周室之姻婭舊族耳方茲時師𣪘治其東偏西偏為有功焉故銘厥功而錫是敦以章其善且復見𢧀戈矛錞鍾之物不一等可謂盛矣然世系所出則前史既闕無所考證不得其傳焉

周仲駒父敦

蓋

寶用享孝
敦子〻孫〻永
父作仲姜
彔旁仲駒

器

彔旁仲駒
父作仲姜
敦子〻孫〻永
寶用享孝

周仲駒父敦

蓋

寶用享孝
敦子、孫、永
父作仲姜
彔旁仲駒

器

彔旁仲駒
父作仲姜
敦子：孫：永
寶、用享孝

周仲駒父敦盖

盖

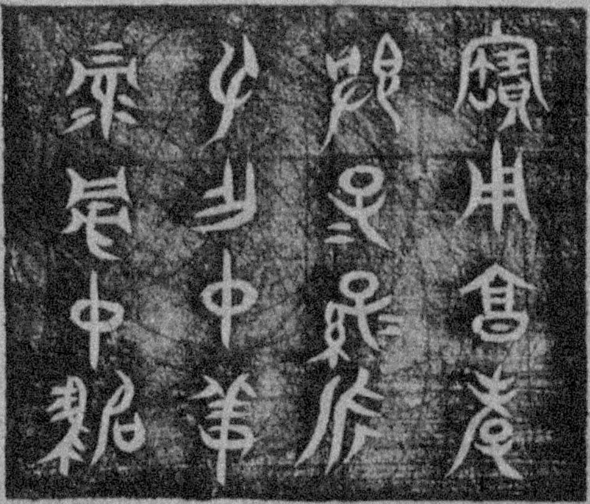

寶用享孝
敦子、孫、永
父作仲姜
彔旁仲駒

前一器通蓋高九寸一分深四寸三分口徑六寸五分腹徑九寸六分容七升九合共重一十七斤六兩兩耳有珥三足蓋與器銘共三十六字

次一器通蓋高八寸九分深四寸一分口徑六寸六分腹徑八寸九分容七升五合共重一十七斤兩耳有珥三足蓋與器銘共三十六字

後一器高二寸八分口徑七寸七分重二斤
十有四兩銘一十八字
右三器皆曰仲駒父其國氏及世次皆未詳
功臣表有騏侯駒左傳有駒伯為郤克軍佐
則駒其姓也若曰齊景公卒冬十月公子駒
奔衛則駒其名也豈非公子駒以伯仲稱而
曰仲駒父耶檀弓云幼名冠字五十以伯仲
稱周道也子生三月父名之二十而冠而字其

名而立其字五十為大夫則尊其字而呼以伯仲也仲姜者蓋仲駒父之母或祖也或以為仲駒父妻則禮曰夫不祭妻是以知為母或祖也按春秋凡婦人皆以字配姓伯姬仲子季姜之類是也仲姜亦字配姓也齊許申呂皆姜姓此則未詳其何國女夫器有用器有祭器凡銘有享孝追孝祀禪者皆祭器九嬪職云凡祭祀贊玉齍而玉齍之制不見於

傳注今宗廟中廼與瑚璉遂為闕器豈鄭玄所謂敦瑚璉簠簋皆黍稷之器者歟噫兩漢去聖未遠燬燼之餘禮樂度數所泯絶者眇邈已不可追當是時綴學之士所得斷簡遺編補緝詁訓斷以臆說故三代禮文雜以漢儒之學由是後世祖述者異端紛糾無所指歸今復得見三王之完器乃可以知聖人製作之旨俾有志於古者有所考信豈小補之哉

周敔敦

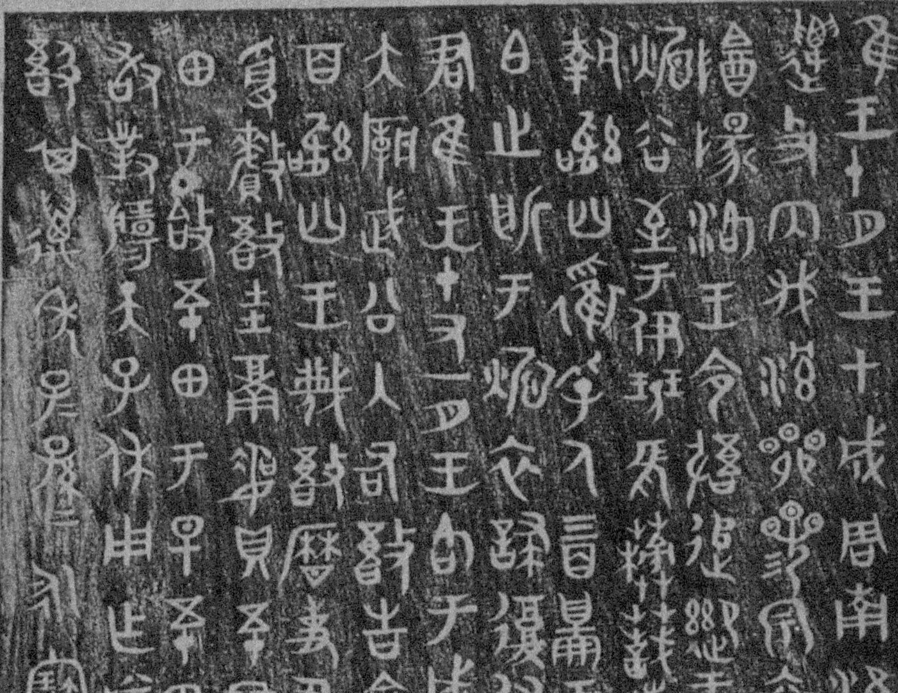

惟王十月王在成周南淮節
趩及內伐浪昂參怡裕敏
陰陽洛王命敔追迎于上洛
愍谷至于伊班長榜馘首百
執傒曰雜孚人三百鄗于艾
伯之所于愍衣諦復付乃
君維王十有一月王格于成周
太廟武公入佑敔告禽馘
百傒曰王蔑敔曆事尹氏
受釐敔圭高幣貝五十朋錫
田于敔五十田于早五十田敔
敢對揚天子休用作尊敦
敔其萬年子、孫、永寶用

右高五寸八分深四寸口徑六寸三分腹徑七寸九分容六升重八斤一十兩兩耳有珥三足闕蓋銘一百四十字首曰惟王十月猶春秋之言春王正月之意蓋言王所以尊主言月所以謹時也曰王在成周者猶詩之言王居鎬京周公既成洛邑明天下知所歸往也曰及内伐浪昴猶詩之所謂薄伐玁狁至于太原者矣曰王命敔追迎于上洛猶詩之

出車以勞還杕杜以勤歸者矣執傒曰雜孚人三百泮宮之執訊獲醜之意也曰十有一月格于成周大廟告厥成功于廟之意也曰敔告禽馘百傒曰者有同乎獻因獻馘曰尹氏受釐有若乎告廟之終並受其福曰圭鬲幣貝五十朋者蓋錫以圭璧以作爾寶鑄以鼎彝以著其功與之幣帛以將其意而其數之多至五十朋足矣猶以為未也又錫以土

田之衎則受錫者豈得傲慠自居其寵耶宜乎對揚天子之休命而歸美以報其上焉亦猶詩所謂虎拜稽首天子萬年之意歟是敦也不惟製作精工而又字畫奇古其間辭意與商周之書雅頌之文相為表裏楊雄言周書噩噩爾殆有見於玆也

周姜敦

伯景父作周姜
寶敦用夙夕
享用蘄萬壽

右高四寸深三寸口徑六寸七分腹徑六寸七分容二升五合重二斤有半兩耳圈是銘一十六字此敦上鈫其耳下圈其足銘之曰

寶敦作者伯景父也且書景命曰予命女作大正正于羣僕侍御之臣則伯景周僕卿也按史記年表自厲王以上有世次而無年數共和以後接乎春秋年數乃詳蓋自穆王傳共孝懿夷厲五王而至于共和至今蓋千有九百餘年斯敦之作在穆王時也古之人欲存乎久遠者必託於金石𣅀岐陽十鼓今雖皆在而文字剥闕者已十三四惟古器銘在

者皆完則石之堅又不足恃是以古之君子必用銅取其不為燥濕寒暑所變為可貴者且古之賢臣名見詩書者常為後世想望矧得其器讀其文自可寶而藏之矣

周宰辟父敦一

蓋

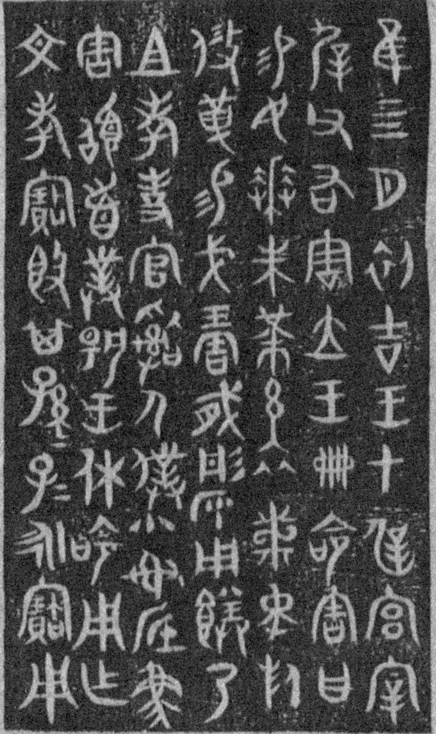

惟四月初吉王在辟宮宰
辟父佑周位王冊命周曰
錫汝華朱芾玄衣朿帶於
鋈革錫戈琱戟彤矢用養乃
祖考事官嗣節儀小射底敷
周稽首對揚王休命用作
文考寶敦其孫孫子子永寶用

器

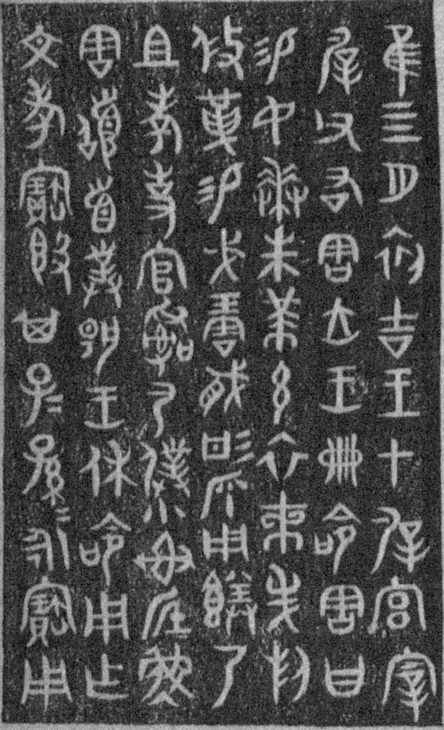

音釋同前

周宰辟父敦二

蓋

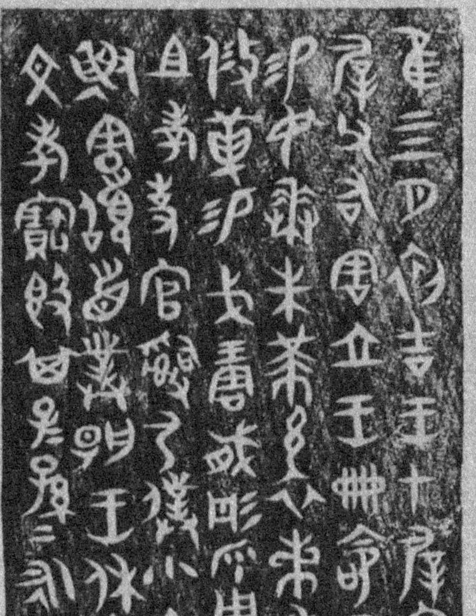

器

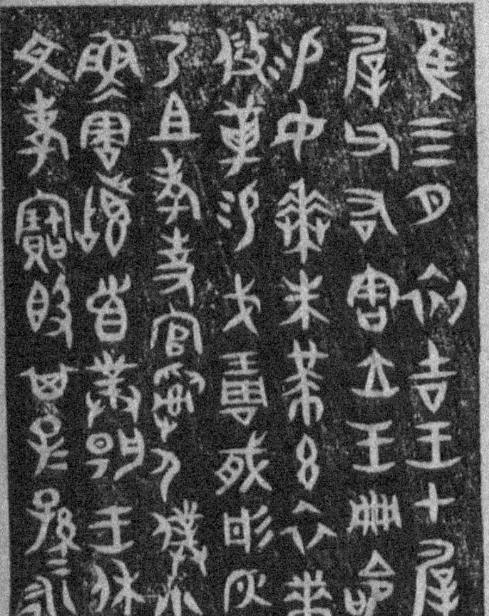

惟四月初吉王在辟宫宰
辟父佑周位王册命周曰
錫汝華朱芾玄衣朿帶於
鋚革錫戈琱戟彤矢用養乃
祖考事官嗣節僕小射底
敷周稽首對揚王休命用作
文考寶敦其子〻孫〻永寶用

音釋同前

周宰辟父敦三

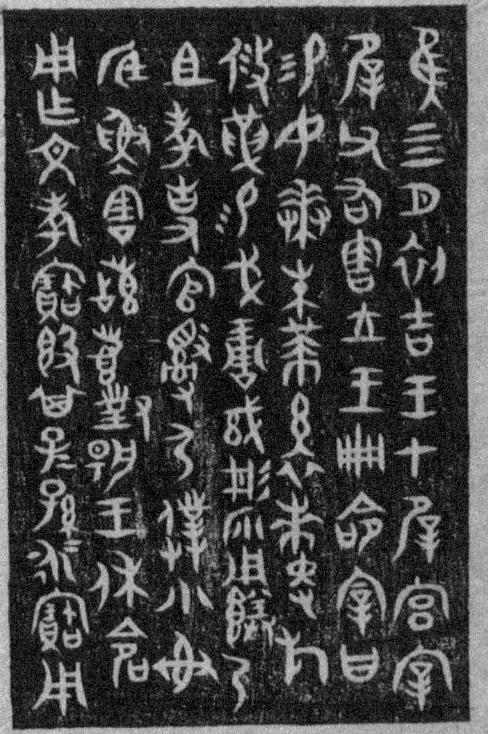

惟四月初吉王在辟宫宰辟父佑周位王冊命周曰錫汝華朱芾玄衣束帶於鋚草錫戈琱戟彤矢用養乃祖考事官嗣節僕小射底敷周稽首對揚王休命用作文考寶敦其子、孫、永寶用

前一器通蓋高八寸三分深四寸二分口徑六寸七分腹徑八寸五分容七升二合共重八斤有半兩耳有珥三是蓋與器銘共一百

五十字
次一器通盖高七寸三分深四寸一分口徑
六寸六分腹徑七寸六分容六升六合共重
九斤六兩兩耳有珥盖與器銘共一百五十
字
後一器高六寸一分深四寸三分口徑六寸
七分腹徑八寸六分容七升二合重七斤二
兩兩耳有珥三足闕盖銘七十五字

右三器形制款識悉同乃一時物也其銘曰周者公子周悼公也悼公文襄之後故有用作文考寶敦之辭古者錫有功則必有彝器以紀其事且以告于家廟焉如秬鬯一卣告于文人是也卣飲器敦食器宜其為銘一也是敦之銘亦曰用養乃祖考者謂此

博古圖錄考正卷第十六

博古圖録考正卷第十七

敦二　一十七器

周

兕敦一　銘二字

兕敦二　銘二字

兕敦三　銘一字

剌公敦一　銘二十八字

剌公敦二　銘二十八字

雁侯敦 銘二十八字

師望敦 銘九字

𡿪敦 銘四十字

毛父敦 銘四十七字

孟姜敦 銘二十八字

仲𦤎父敦 銘一十七字

虔敦一 銘六字

虔敦二 銘六字

史張父敦蓋銘一十二字

仲酉父敦蓋銘六字

虎耳敦

夔足敦

周兕敦一

蓋

屋室形皃

器

音釋同前

周兕敦二

蓋

屋室兒形

器

音釋同前

周兕敦三

屋室形兕

前一器通蓋高一尺二寸深四寸四分口徑七寸五分腹徑八寸二分足自方七寸六分高三寸九分容七升共重二十一斤兩耳有珥蓋與器銘共二字

次一器通蓋高一尺一寸九分深四寸二分

口徑七寸四分腹徑八寸足自方七寸五分
高三寸八分容六升八合共重二十一斤九
兩兩耳有珥蓋與器銘共二字
後一器高八寸六分深四寸四分口徑七寸
三分腹徑七寸七分足自方七寸四分高三
寸八分容六升三合重十有八斤兩耳有珥
闕蓋銘一字
右三器製作一律皆以雲雷為飾其銘上為

屋室之狀而下一字曰兕蓋薦之宗廟之器也前二器乃頃所藏者蓋上各有犀兕之形故皆以兕名之後一器近得於長安水中但恨闕其蓋耳

王黼曰周兕敦款識一上為屋室之狀下一字曰兕蓋宗廟之器御府所藏與近獲於長安水中者其制度款識與此一同寔周敦云

周刺公敦一

伯掾祖[illegible]作
皇考剌公尊
敦用享用孝萬
年眉壽㽙在
位子子孫孫永寶

高六寸四分深四寸二分口徑六寸八分腹
徑八寸容八升重十斤四兩兩耳有珥三足
闕蓋銘二十八字

周刺公敦二

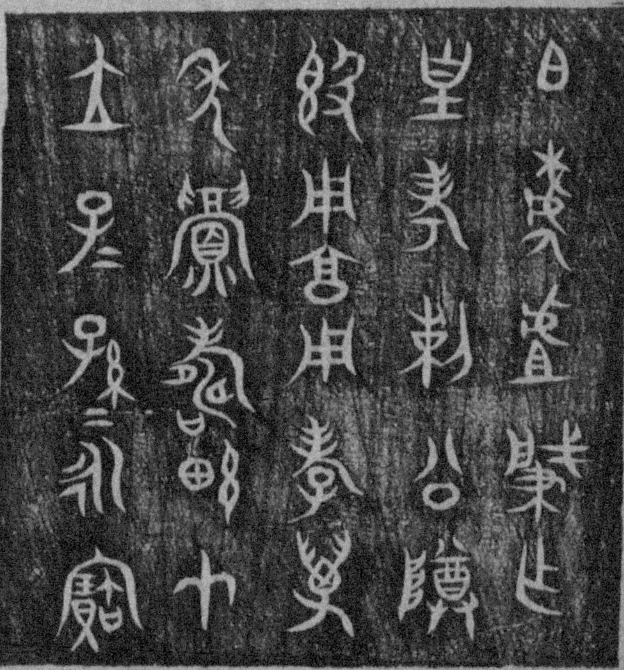

伯據祖肈作
皇考剌公尊
敦用享用孝萬
年眉壽畯在
位子〻孫〻永寶

高六寸四分深四寸二分口徑六寸八分腹
徑八寸容七升六合重十斤十四兩兩耳有

珥三足闕盖銘二十八字

右二器其文曰作皇考剌公敦且饎敦曰剌祖乙伯按太公望子丁公伋伋子乙公得是知剌公乃乙公族也二器銘款悉同亦一時宗廟之器故皆曰用享用孝

周雁侯敦

蓋

應侯作姬邍
母尊敦其萬
年永寶用

器

音釋同前

右通盖高六寸一分深四寸一分口徑六寸腹徑七寸七分容六升共重七斤兩耳有珥盖與器銘共二十八字曰雁侯作姬邍母尊敦按周室武王第四子曰雁侯其後乃有雁姓則雁者周武王之子曰作姬邍母尊敦於是又言邍者武王之姬雁侯之母也邍字與原同義且同音盖古之姓氏耳

周師望敦

太師小子師望作䵼彝

右高五寸深三寸九分口徑六寸二分腹徑八寸容六升有半重一十斤四兩兩耳有珥闕盖銘九字純緣與足皆飾蟠夔間以雲紋耳為螭形按史記齊世家太公望呂尚東海人其先祖嘗為四嶽佐禹平水土有功或封

於申或封於呂本姓姜氏從其封姓故曰呂尚尚年老窮困以漁釣奸周西伯西伯將出獵卜之曰所獲非龍非彲非虎非羆所獲霸王之輔獵至渭陽得尚與語大說曰自吾先君太公言當有聖人適周周以興子真是邪吾太公望子久矣故號太公望載與俱歸遂立為師其銘曰太師者蓋紀其官也望則稱其號耳是器與周師望簋銘文政相同殆一

時物邪

周翼敦

曩作皇祖益公
文公武伯皇考
龔伯䵼彝曩其
涯萬年無疆令
終、令命其子、孫、
永寶用享于宗室

右高六寸五分深四寸三分口徑七寸腹徑
九寸五分容八升一合重十有二斤二兩兩

耳有珥三足闕蓋銘三十九字按此器乃敦而銘文謂之彝者舉器之總名故不言敦㬪必諸侯也故祭及四世蓋以古之諸侯有五廟大夫有三廟而傳言學士大夫則知尊祖謂過祖則無及矣武伯龔伯以謚配字為言如文仲穆伯之類益公文公則言其爵蓋不沒其實也如周有天下至於不窋古公亦或不以爵稱又況於諸侯哉

周毛父敦

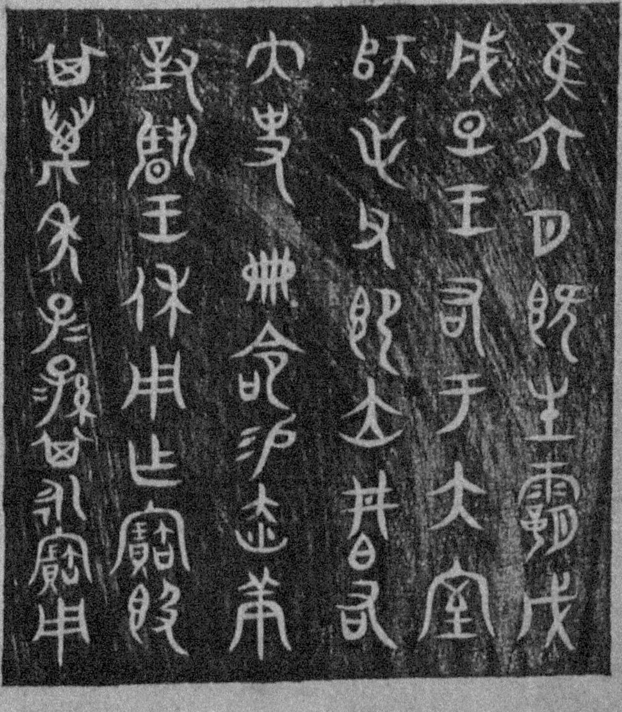

惟六月既生霸戊
戌旦王格于太室
師毛父即位邢伯佑
太史冊命錫赤芾
對揚王休用作寶敦
其萬年子〻孫〻其永寶用

右高五寸二分深四寸口徑五寸六分腹徑
七寸三分容四升九合重四斤九兩兩耳有

珥三足闕盖銘四十七字曰大室大室廟中之室言大以别其次者如魯有世室是也㦸敦云王格于大室牧敦云格大室盖周之時受四方諸侯之朝必於其廟示不敢專耳詩言嗣王朝於廟者此也是廟皆謂室也曰毛父則史稱武王克商毛叔奉明水盖史稱叔者字也春秋書毛伯者爵也郱敦亦云毛伯内門立中庭佑則毛父其人歟以古者始字

之曰伯仲及其德邵則又言父焉若夫言內史冊命者以內史凡命諸侯及孤卿大夫則冊命之耳

周孟姜敦

叔孫父作孟
姜尊敦綰綽
眉壽永命彌
生萬年無疆子、
孫、永寶用享

右高六寸二分深四寸五分口徑六寸八分

腹徑八寸七分容七升八合重十有二斤兩耳有珥三足闕蓋銘二十八字曰叔孫者盖叔孫氏出於桓公之後曰父者尊之也曰作孟姜尊敦姜齊姓也齊魯婚姻之國孟則長矣以別於仲季之稱與詩所謂孟姜同意

周仲𡘋父敦

蒯仲奠父作
尊敦其萬年
子子孫孫永寶用

右高五寸六分深四寸口徑六寸腹徑八寸
容六升一合重五斤有半兩耳有珥三足闕

蓋銘一十七字曰仲𠝣父者其字也上言𠝣者恐言其姓又恐言其名春秋之時有曰𠝣瞶是有以𠝣為姓者有曰南𠝣是以有以𠝣為名者此敦耳是皆狀獸形純緣之下雷紋為飾腹間純素其形制與伯庶父敦大槩相類但闕蓋耳

周虞敦一

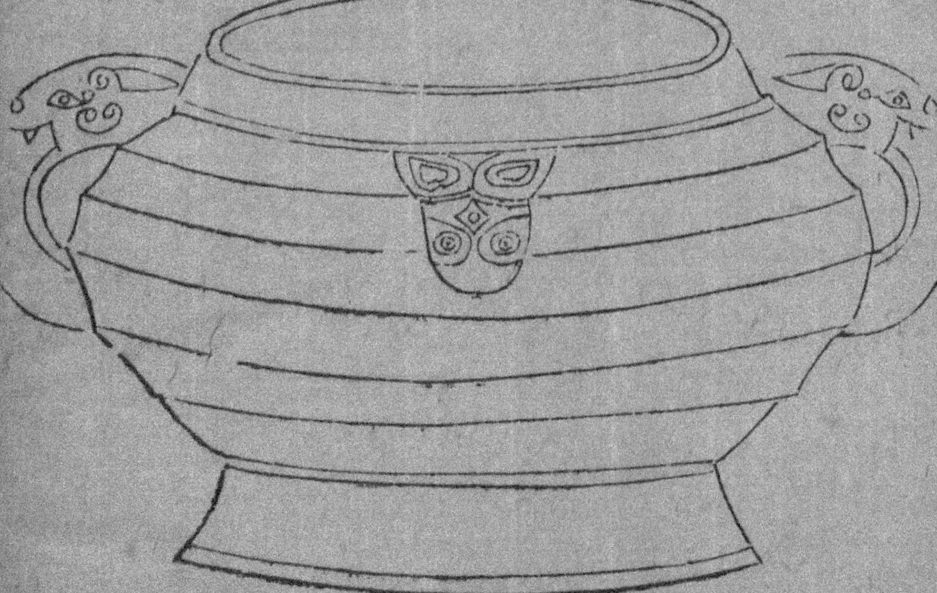

周虔作
旅車敦

高四寸三分深三寸五分口徑五寸三分腹
徑七寸九分容四升重四斤四兩兩耳圈足
銘六字

周虔敦二

周虔作
旅車敦

高五寸六分深四寸一分口徑七寸六分腹
徑六寸容三升七合重三斤十有四兩兩耳

有珥圈是銘六字

右二器夫師之出征則有宜社造禰之事而奉齋車以行是敦銘之以旅車則必旅之所用以舍奠于齋車者且師行一軍而為旅者巳衆故其敦不一則一二以數之此特得其二而巳其曰庱者必當時主將之名蓋不可得而考矣

周史張父敦盖

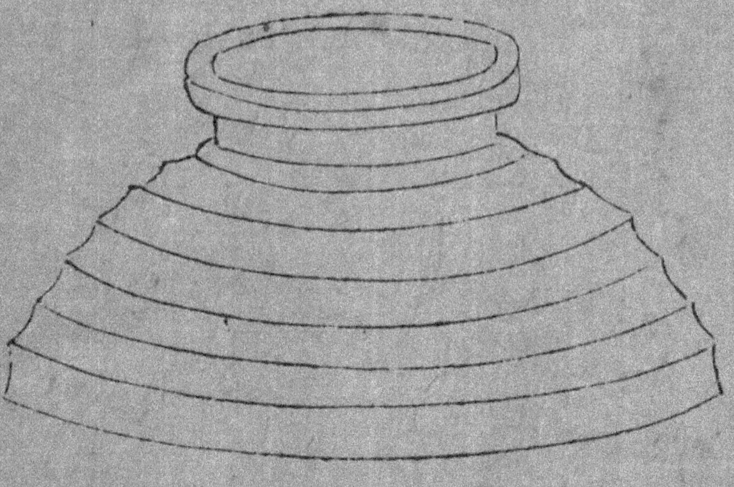

史張父作
尊敦其萬
年永寶用

右高二寸三分圓徑六寸二分重一斤十有四兩銘一十二字史張父作尊敦其萬年永寶用曰史著其官也曰張稱其氏也而父又見其尊焉純素無紋形若疊環而爲之製作純古土花青綠相間粲然瑩目惜乎不得其全者

周仲酉父敦蓋

仲酉父

作旅敦

右高二寸一分口徑六寸四分重一斤三兩

有半銘六字其曰仲酉父經傳無所見而曰

旅敦者與周虞作旅車敦同蓋旅取其衆耳

叩距伯旅匜叔作旅匜審其皆非一器耳

周虎耳敦

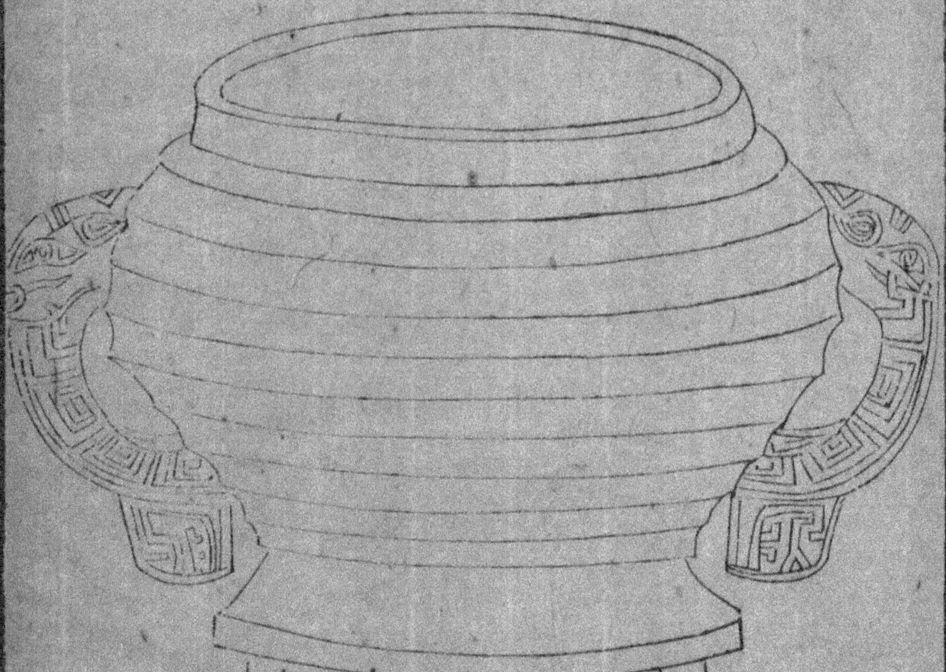

右高五寸二分深三寸九分口徑六寸一分
腹徑八寸二分容六升二合重五斤有半兩
耳有珥三足闕蓋無銘是器耳飾虎形通體
純素畧無設飾製作質朴頗有商之遺風慨
周器之至佳者也

周夔足敦

右高五寸六分深四寸口徑五寸六分腹徑七寸四分容五升四合重五斤四兩闕蓋無銘虎耳夔足飾以雷帶比它器文鏤簡古製作去商為未遠蓋周初物也

博古圖錄考正卷第十七

博古圖錄考正卷第十八

簠簋豆鋪總說

簠簋四器

周

叔邦父簠銘二十二字

太師望簋銘一十八字

京叔簋銘一十一字

素簋

豆 六器

周 四器

魚豆

疑生豆 銘八字

蟠虺豆一

蟠虺豆二

漢 二器

輕重雷紋豆一

輕重雷紋豆二

鋪一器

周

劉公鋪 銘一十字

甗錠總説

甗一十四器

商七器

父己甗一 銘三字

父已甗二 銘七字
父乙甗 銘四字
祖已甗 銘六字
鬲甗一 銘一字
鬲甗二 銘一字
饕餮甗

周 五器

垂花雷紋甗

盤雲饕餮甗
雷紋饕餮甗
純素甗一
純素甗二
漢二器
偃耳甗
直耳甗
錠一器

漢

虹燭錠銘一十八字

簠簋豆鋪總說

禮始於因人情而為之蓋以義起而制之使歸於中而已明以交人幽以交神無所不用必寓諸器而後行則簠簋之屬由是而陳焉然去古既遠禮文寖失況遭秦滅學之後其書焚矣疑以傳疑而無所考證則諸儒臨時泛起臆說無足觀者故見於禮圖則以簠為外方而內圜以簋為外圓而內方穴其中以

實稻粱黍稷又皆刻木為之上作龜蓋以體蟲鏤之飾而去古益遠矣曾不知簠盛加膳簋盛常膳皆熟食用匕之器若如禮圖則畧無食器之用今三代之器方圜異制且可以用匕而食復出於冶鑄之妙而銘載粲然則先王制作尚及論也豈刻木鏤形者所能髣髴哉至於豆則乃其實水土之品也所以養其陰者夏以楬豆商以玉豆周以獻豆制作

雖殊所以為實濡物之器則一也昔醢人掌四豆之實凡祭祀供薦羞則豆之用於祭祀者如此士昏禮設六豆於房中則豆之陳於昏禮者如此以之示慈惠之燕訓恭儉之饗亦待此以有行者也是以天子之豆二十有六諸公十有六諸侯十有二上大夫八下大夫七凡以尚德也鄉老六十者三七十者四八十者五九十者六凡以尚齒也然則用豆

之義其可忽諸嘗考制字之法禮必從豆以禮之不可廢也豐必從豆以時之不可緩也戲必從豆以交際之不可忘也故孔子於造次之間與夫咨問之際嘗眷眷於此者蓋為是爾若夫劉公鋪與夫君養鋪之二器舊以其鋪之聲與簠相近因以附諸簠今攷簠之器方而鋪之器圜又自與豆登畧無少異故其銘前曰君作養鋪而疑生之豆亦曰養豆

則是其銘亦近之疑銘之以鋪者有鋪陳薦
獻之義而其器則豆耳故以附于豆之末云

周叔邦父簠

叔邦父作簠
用征用行用
從君王子〻孫〻
其萬年無疆

右高三寸四分深二寸一分口徑長一尺闊
八寸一分容四升一合重四斤八兩兩耳銘

二十二字曰叔邦父莫知其誰特春秋輮氏名邦蓋季晳之子也今所藏寅簋銘曰叔邦父豈非一種器耶曰用征用行則叔夜鼎亦銘以征以行叅王安石字說征正行也凡言征者皆以正行銘之臣有從君之義故又繼之曰用從君王是器飾以蟠螭周以重雷耳作蟠首實周器也

周太師望簋

蓋

器

太師小子師

望作䵼彝

音釋同前

右通蓋高六寸七分深二寸八分口徑長七寸二分闊五寸腹徑長七寸九分闊五寸六

分容三升七合共重八斤十有四兩兩耳四足銘共一十八字曰太師小子師望作𩰫彝按齊世譜太公出於姜姓而呂其氏也故曰呂尚西伯獵於渭陽得尚與語說之曰自吾先君太公云當有聖人適周周以興子真是邪吾太公望子久矣故號之曰太公望載與俱歸立為師銘曰太師者語其官也曰望者語其號也曰小子則孤寡不穀侯王自稱之

義也今簋也而謂之䵼彝蓋䵼訓煮熟食簋盛黍稷惟熟然後可食耳

周京叔簋

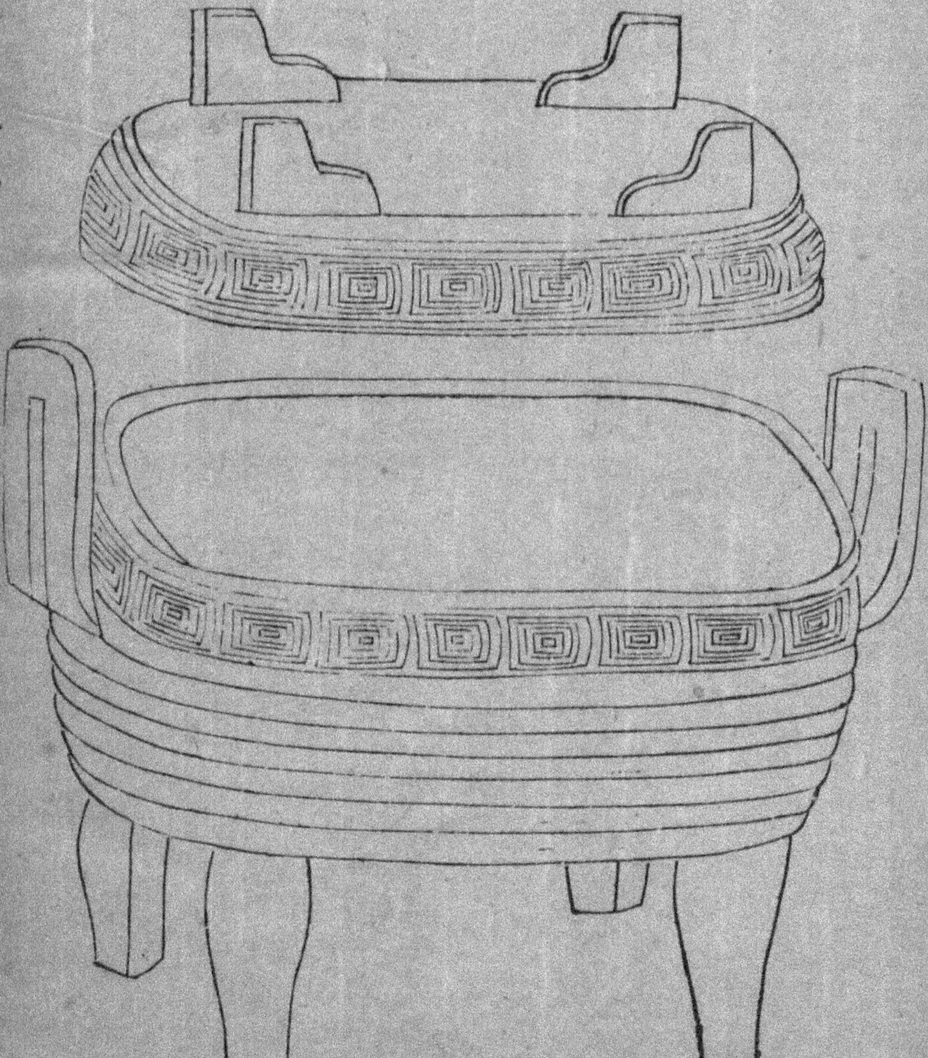

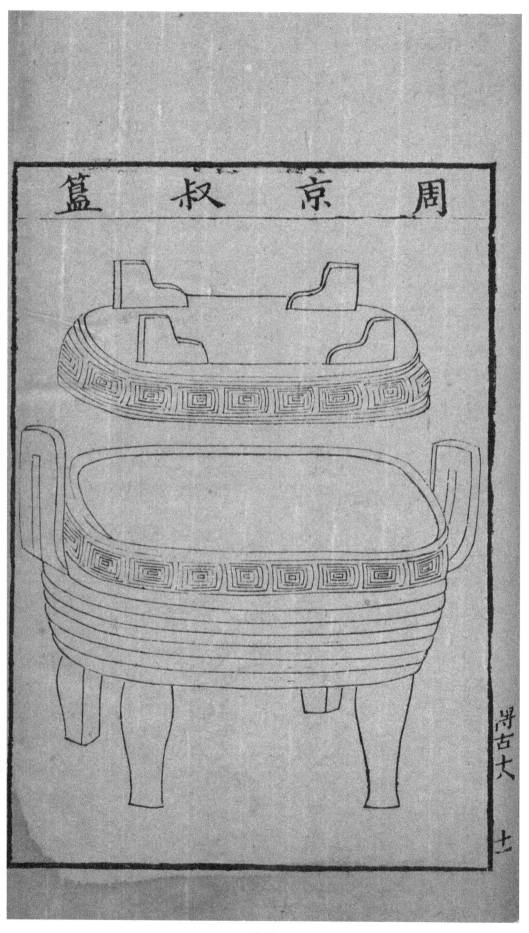

京叔作饗
簋其萬
壽永寶用

右通蓋高六寸二分深三寸口徑長六寸八
分闊五寸腹徑長七寸一分闊五寸三分容

四升共重五斤十有二兩兩耳四足銘十一字按春秋隱公元年經書鄭伯克段于鄢左傳言鄭武公娶于申曰武姜生莊公及共叔段姜氏愛叔段請京邑使居之因謂之京城大叔者疑出於是也諸簠銘款有言旅簠有言寶簠而此曰饗者因饗禮以錫其器若彤弓言一朝饗之者是也

周素簠

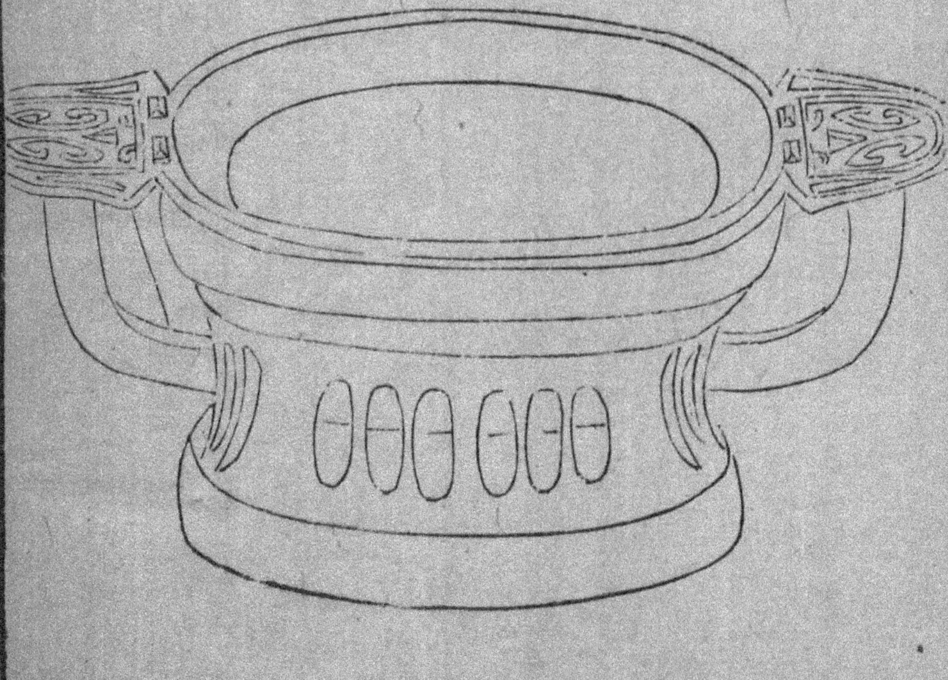

右高四寸二分深一寸六分口徑長八寸四分闊七寸七分腹徑長九寸闊八寸二分容三升重五斤十有二兩兩耳無銘是器如豆而方如鋪而橢要當歸之簠然其下四面作疏櫺之狀則又與它簠特異豈為簠之制則同而種種施其智巧則不同耳古人制器類皆如是

周魚豆

右高五寸二分深一寸八分口徑七寸六分足徑五寸四分容二升五合重三斤一十兩無銘夫豆盛濡物則醯菹在焉是器飾以魚鱗而魚醢物之屬又為豐年衆多之兆故詩言衆維魚矣實維豐年古之以多為貴者莫不取此

周疑生豆

單疑生作養豆用享

右高四寸五分口徑五寸四分重二斤一兩銘八字單疑生考之傳記無見唯周有單穆公號為盛族然所謂疑生者蓋指其名若左氏言寤生書言宜生皆言其名也此器上若盤狀而復穿鏤於濡物宜非所設然純旁尚餘四拱意其必有承盤是必亡之矣

周蟠虺豆一

周蟠虺豆二

前一器高七寸深一寸二分口徑七寸四分足徑六寸容二升重六斤有半無銘後一器高七寸二分深一寸一分口徑七寸四分足徑五寸五分容二升重六斤十有二兩無銘

右按禮家言木曰豆竹曰籩瓦曰登今豆以銅為之則知禮家之學多出漢儒臆度爾蓋昔人於彝器未始不用銅也此二器皆著以

蟠螭亦與著饕餮以革貪得同意是器周物
周官言用豆之禮為詳宜其設飾者致理為
多也

漢輕重雷紋豆一

漢輕重雷紋豆二

前一器通蓋高六寸九分深四寸口徑五寸七分容五升有半共重五斤九兩兩耳無銘後一器高六寸深四寸一分口徑五寸七分容五升重四斤十有二兩兩耳闕蓋無銘

右二器皆以雷紋為飾或輕或重非定紋之比下作垂花前蓋端狀荇葉間錯粟紋與漢鼎蓋全相類其為漢器無疑

周劉公鋪

劉公作杜嬬
尊鋪永寶用

右高五寸五分深一寸六分口徑七寸六分
容二升三合重五斤銘十字按周靈王時有
劉定公景王時有劉獻公此曰劉公未審其
諱也肽言公而不言謚以其劉公自作是器

追享杜嬬宜乎不言其謚也劉字當從丣金刀而說文止有鐂字從丣金田此以又易田乃近刀意而許慎解金字今聲也下從土並注兩旁象金生於土中此去其聲單取生金意其省文如此曰杜嬬者無見於書傳觀此形制雖承槃小異於豆肰下爲圜足宜豆類也攷禮圖有所謂豐者亦與豆不異鄭玄謂豐似豆而卑者是也是器形全若豐肰銘曰

鋪者意其銘鋪薦之義鋪雖無所經見要之
不過豆類蓋銘之有或異者是宜列之於豆
左也

甗錠總說

甗之為器上若甑而足以炊物下若鬲而足以飪物蓋兼二器而有之或三足而圜或四足而方考之經傳惟周官陶人為甗止言實二鬴厚半寸脣寸而不釋其器之形制鄭玄乃謂甗無底甑而王安石則曰從獻從瓦鬲獻其氣甗能受焉然後知甑無底者所以言其上鬲獻氣者所以言其下也然說文止謂

為甗蓋舉其具體而言之耳五方之民言語
不同故各為方言以自便是以自關以東謂
之甗或謂之鬵至梁乃謂之鉹或謂之酢餾
名雖不同所以為器則一而已是甗也有銘
曰彝者謂其法度之所寓而有常故也惟有
常而不作奇功此所以為軌物歟其後復有
名錠者用以薦熟物其上則環以通氣之管
其中則置以蒸飪之具其下則致以水火之

齊蓋致用實有類於鬣故有所謂虹燭錠與
夫素錠者於是咸附之於鬣末焉

商父己甗一

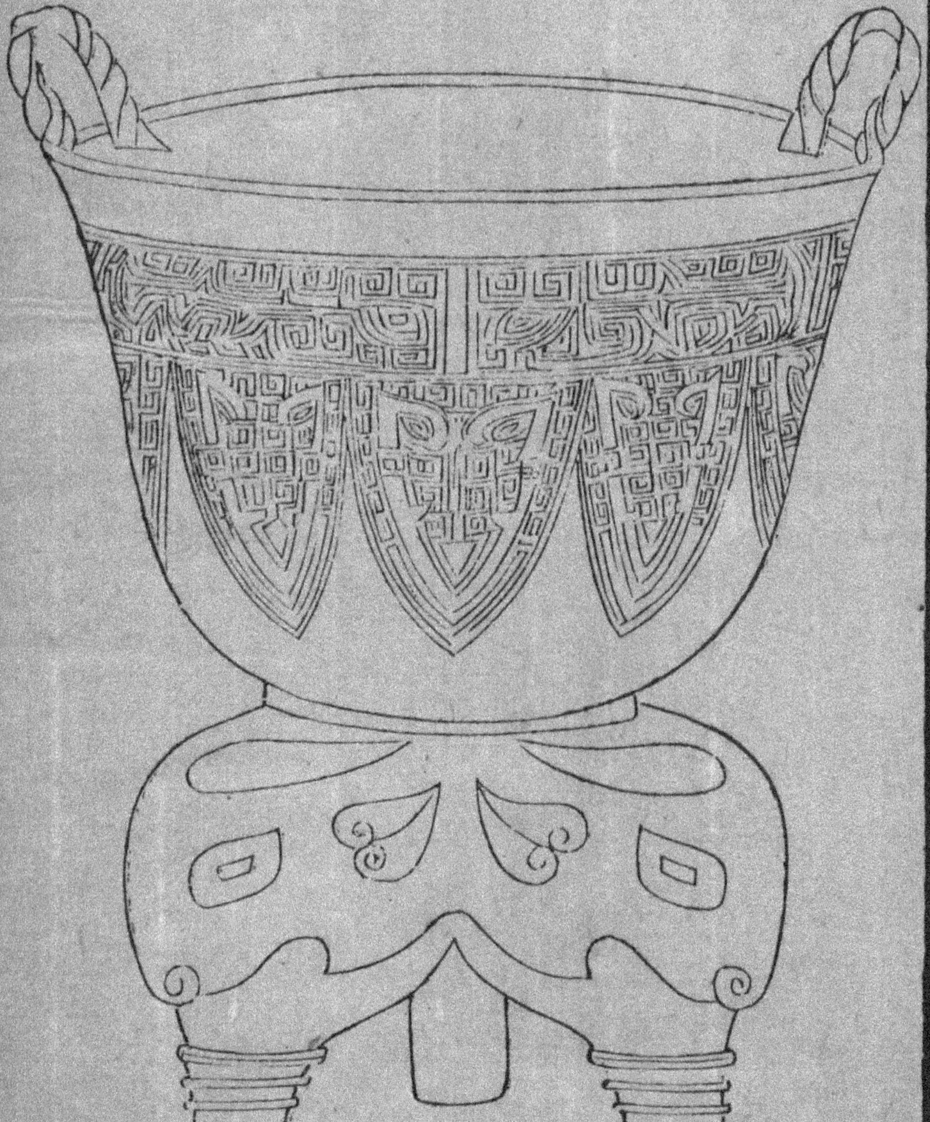

見父己

商父巳甗二

亞無儔作
父已彝

前一器高一尺三寸深自口至隔六寸有半自隔至底三寸口徑八寸九分耳高二寸二分闊二寸五分容自口至隔一斗一升自隔至底三升九合重一十四斤十有四兩三之

銘三字

後一器高一尺二寸一分深自口至隔五寸八分自隔至底三寸口徑九寸耳高二寸闊二寸一分容自口至隔九升自隔至底三升

三合重十有一斤三足銘七字

右按三代之間惟商人號為尊神率民以事神先鬼而後禮陳之祭祀者曲致其盡故於此特以見為銘蓋以祭神如神在而僾然必有見乎其位故也非事亡如事存者曷以至此後一器曰亞者廟室之形曰無儔者疑其作器者之名也

商父乙甗

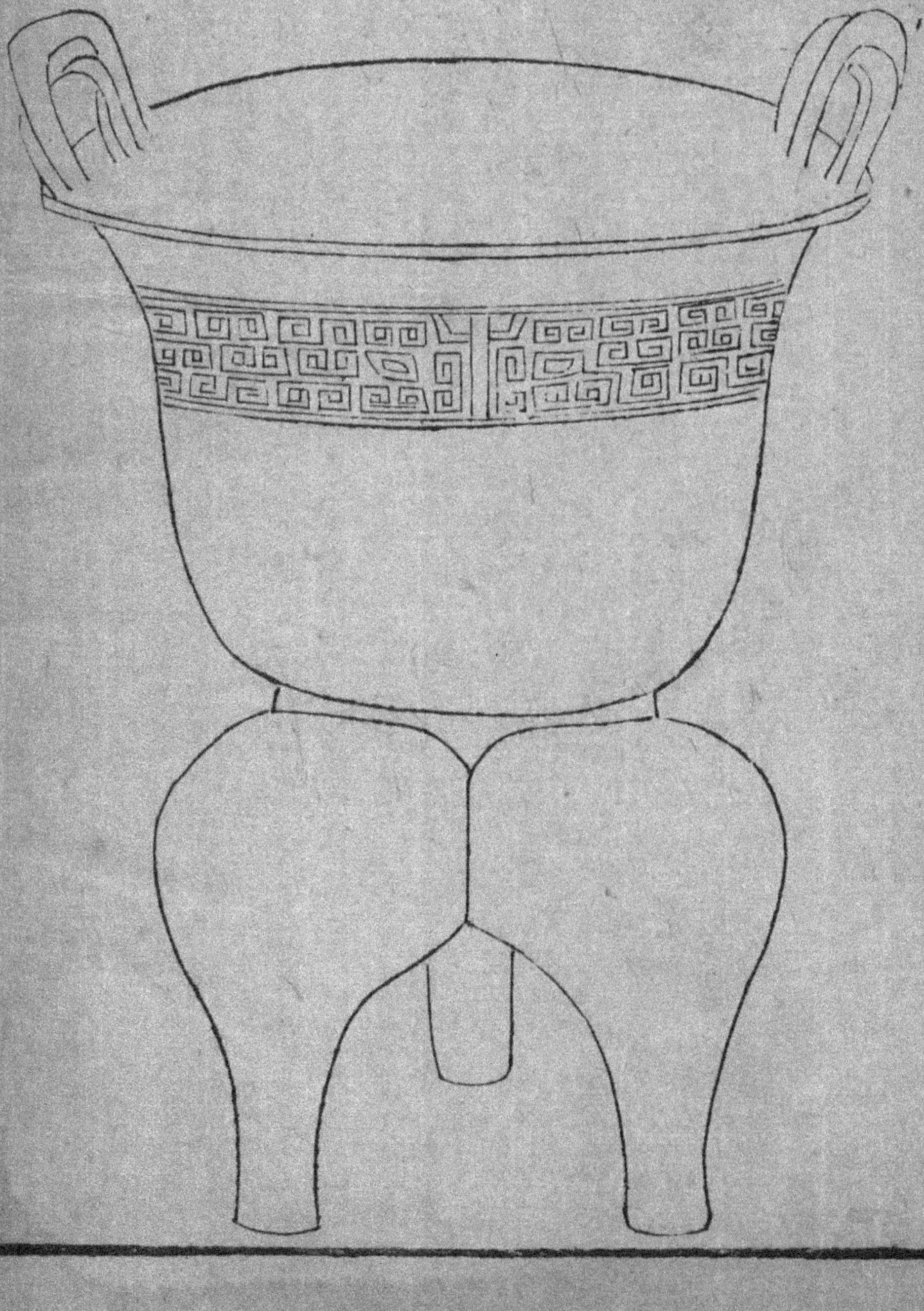

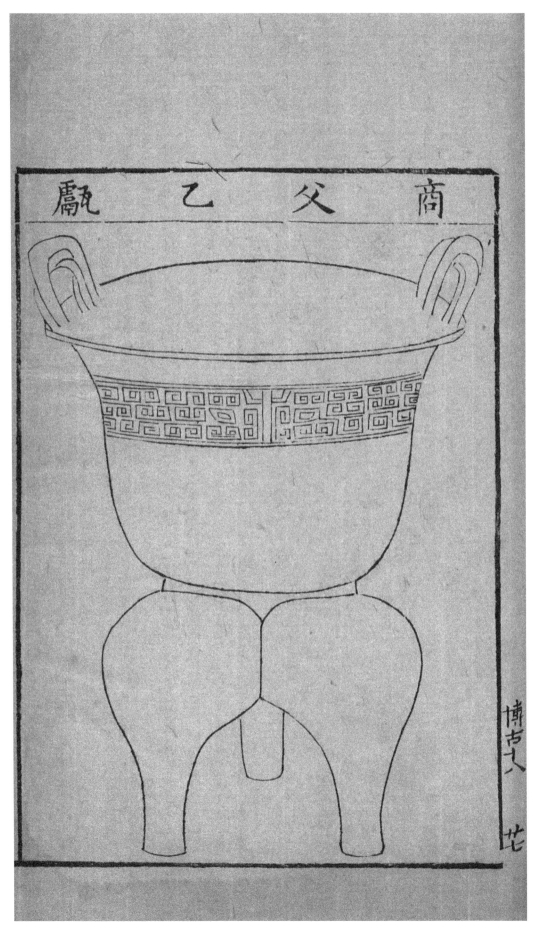

子父乙
虎

右高一尺一寸九分深自口至隔五寸九分
自隔至底四寸一分口徑八寸八寸耳高二

寸一分闊二寸二分容自口至隔八升自隔至底三升五合重十有一斤四兩三是銘四字曰子虎父乙子商器類銘之蓋子商姓也乙商君之號曰虎則取似其形而所藏器有五虎父丁鼎亦作此虎形蓋饗禮形鹽亦虎也以人道事神故宜有此而司尊彝用虎以為追享之器則虎之為義其或取此是器純緣之外三面作雷電饕餮而隔腹皆不加文

飾為商物也

商祖己甗

作祖己
尊彝癸

右高一尺一寸四分深自口至隔五寸八分
自隔至底二寸八分口徑八寸六分耳高二

寸二分闊二寸一分容自口至隔七升自隔
至底二升五合重九斤有半三足銘六字或
以商高宗朝有臣嘗作高宗肜日以訓王曰
祖己則祖己者疑商之臣乎然按彝器間類
多以祖乙祖丁祖戊祖辛為銘則凡稱祖者
孫之所作也乙丁戊辛云者乃其號耳用是
考之祖己者其惟商之雍己歟言癸者商有
天癸癸為己作祭器也此甗而謂之尊彝非

周官所謂六尊六彝之謂盖商制未分凡可
尊可法者則曰尊彝

商鬲甗一

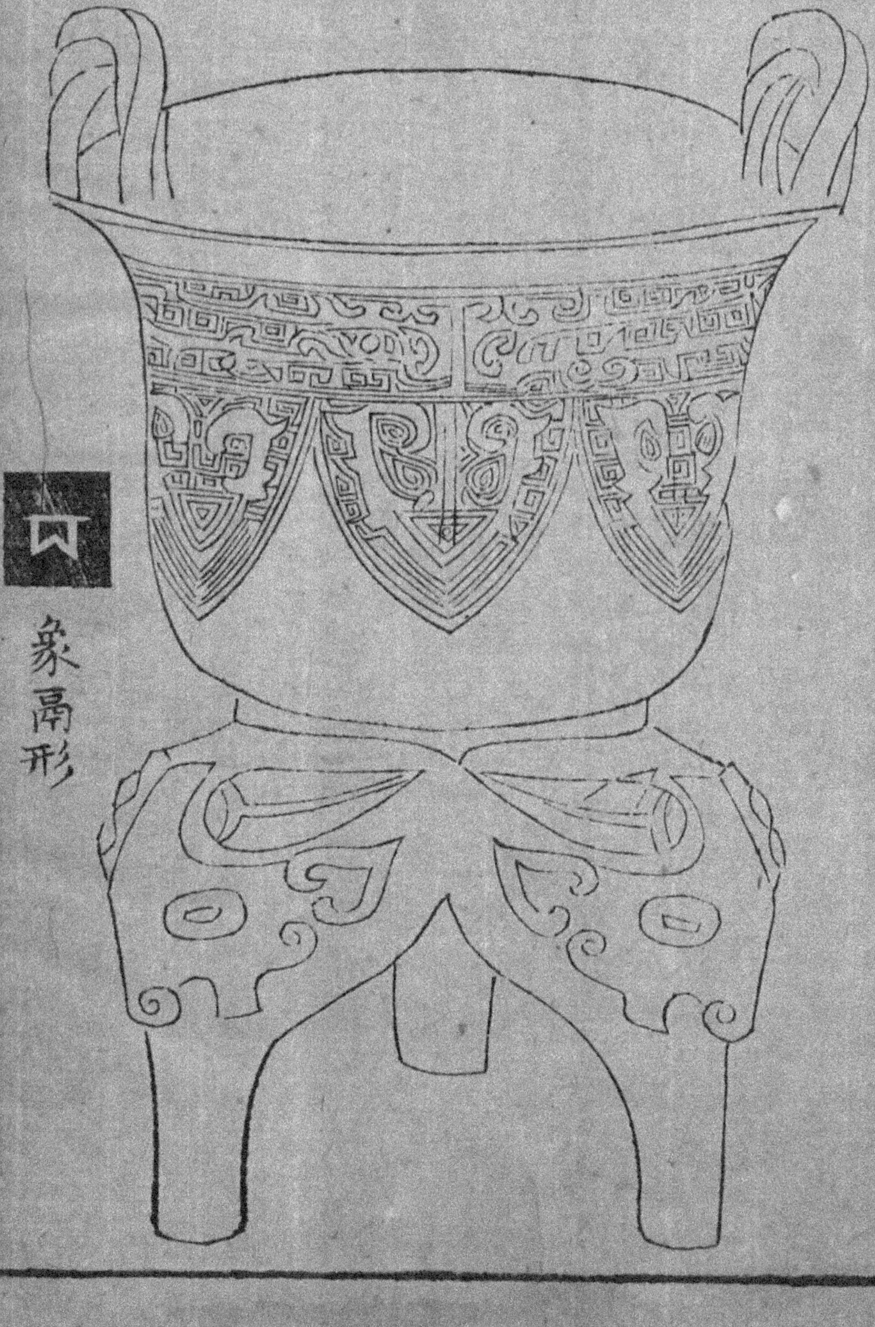

象鬲形

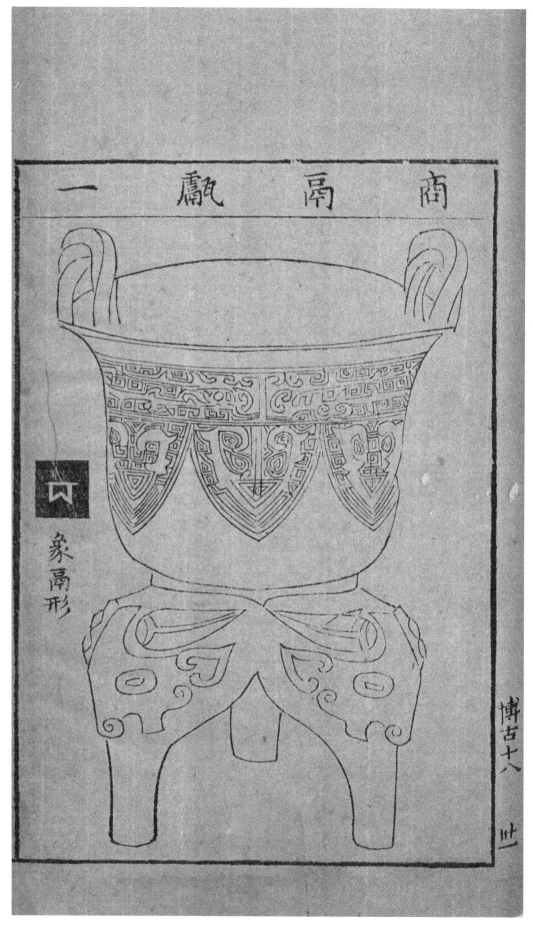

商鬲甗二

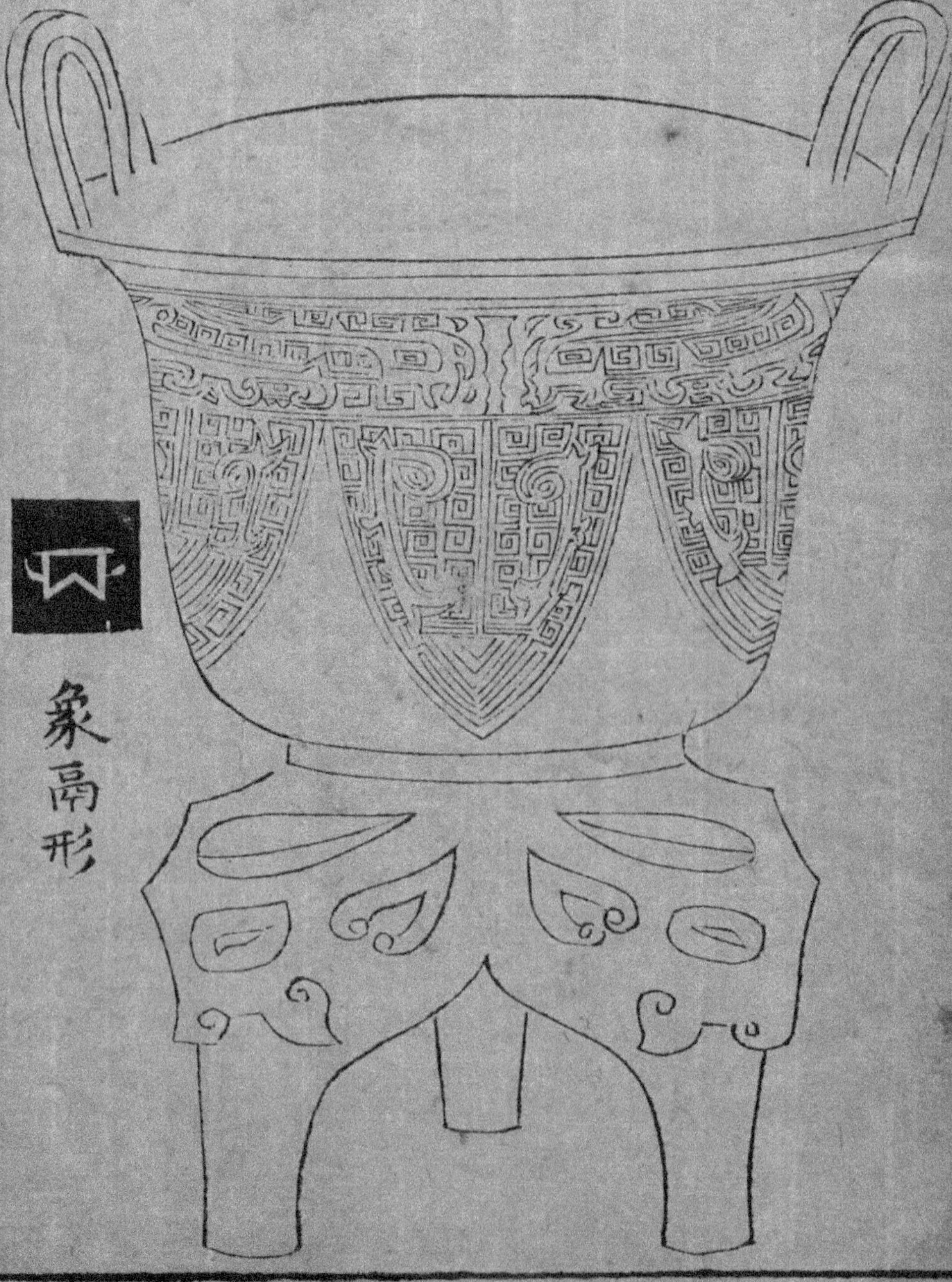

象鬲形

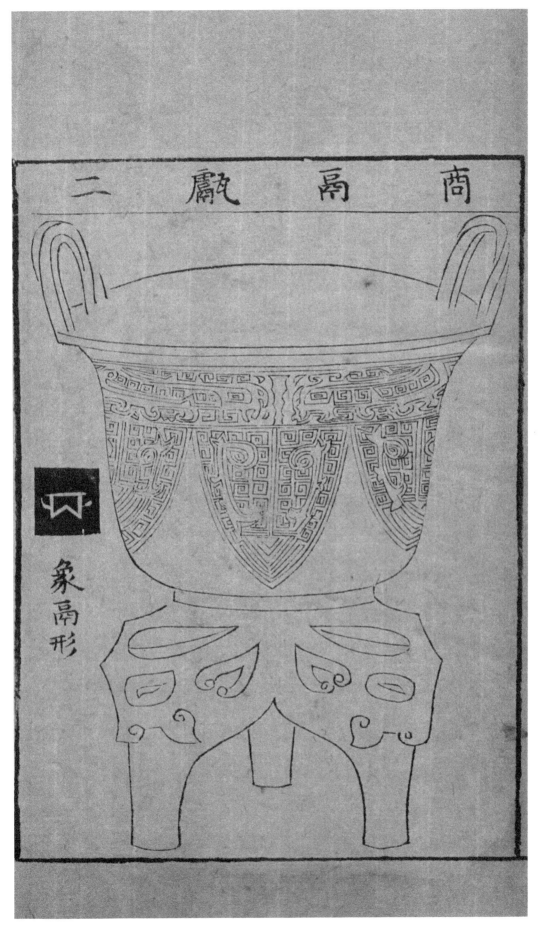

前一器高一尺一寸八分深自口至隔五寸
九分自隔至底四寸耳高二寸二分闊二寸
二分口徑九寸一分容自口至隔八升三合
自隔至底三升二合重十有一斤七兩三是
銘一字
後一器高一尺二寸一分深自口至隔六寸
自隔至底三寸三分口徑九寸三分容自口
至隔九升自隔至底三升二合重十有一斤

四兩兩耳三足銘一字

右二器銘各一字皆象鬲之形盖甗之爲器上體作甑下體作鬲王安石嘗釋其義以謂鬲獻其氣甗能受焉取鬲以爲銘可謂得之矣

商饕餮甗

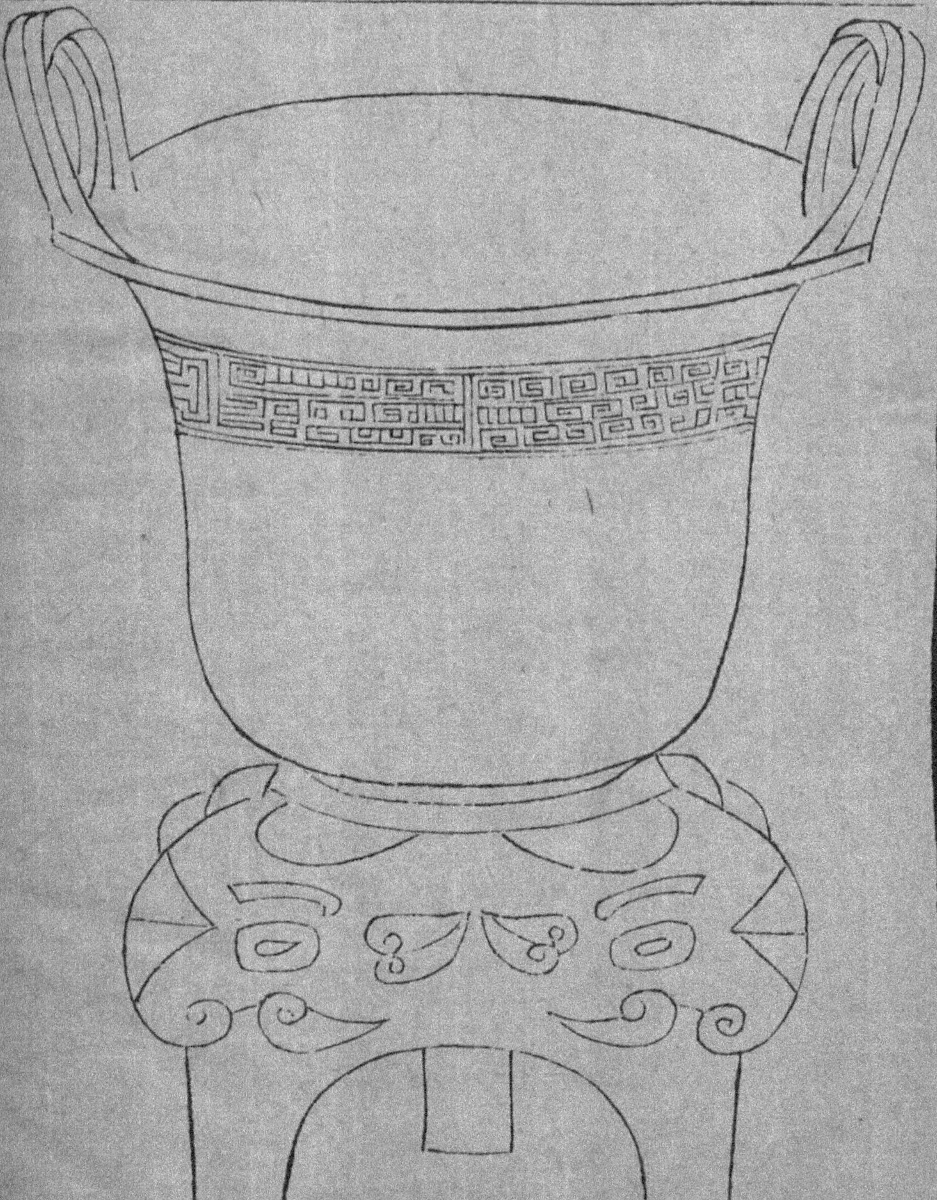

右高一尺一寸五分深自口至隔五寸五分自隔至底二寸八分口徑八寸六分耳高二寸闊一寸八分容自口至隔五升八合自隔至底二升四合重七斤三是無銘是間所飾饕餮與商甗皆相類而兩耳純緣文鏤至隔又與商立戈甗無少異製鍊精工非商物不能及此

周垂花雷紋鬲

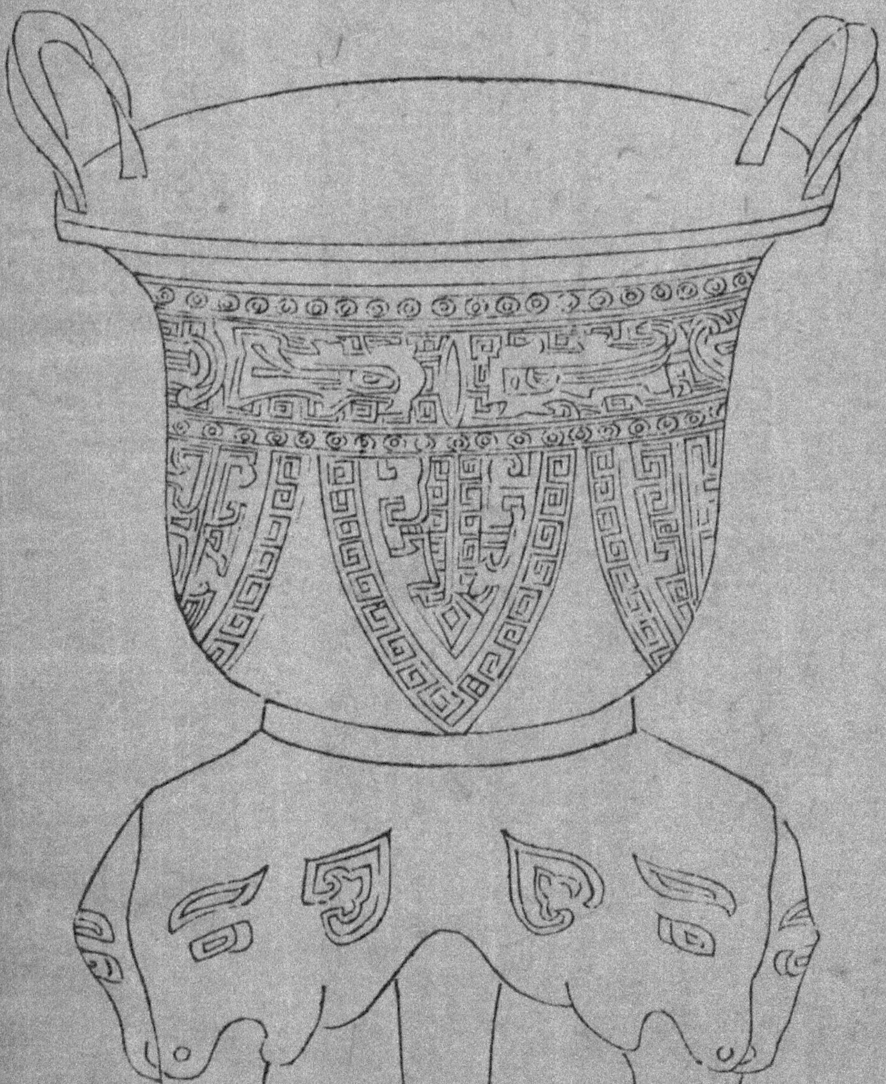

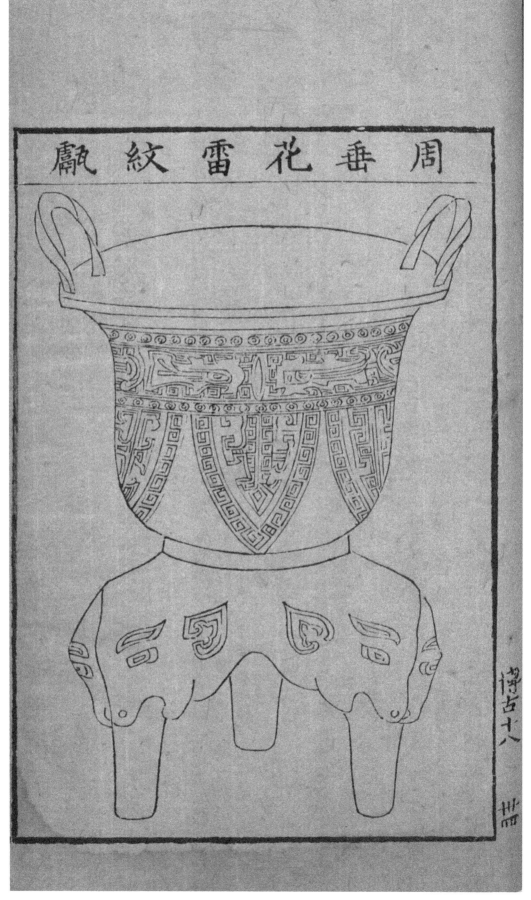

右高一尺四寸二分深自口至隔一尺自隔
至底六寸口徑九寸耳高二寸一分闊二寸
三分容自口至隔九升自隔至底三升重九
斤八兩三足無銘是器甗也所以爲炊物之
具三面設饕餮之飾間以雷紋如連珠相屬
下有垂花隔作三象出鼻爲足中有隔可以
熟物古人創物之智其所以造形窮理爲備
於此是必周器也

周盤雲饕餮甗

右高一尺七寸七分深自口至隔八寸二分自隔至底三寸八分耳高四寸三分闊三寸七分口徑一尺三寸九分闕隔通容三斗六升重三十五斤三兩無銘且甗常隔而能通所以獻其氣於上以爲飪物之具以達水火之氣蓋熟物自下始也飾以盤雲以象其氣盤結不散致雨之道也氣之熟物其猶是歟飾以饕餮所以思患豫防之義存焉

周雷紋饕餮鬲

右高一尺二寸三分深自口至隔六寸自隔至底四寸六分口徑九寸三分耳高二寸四分闊二寸五分容自口至隔九升有半自隔至底三升六合重十有一斤八兩三足無銘是器甗也甗之為飾類以饕餮雷紋間錯而耳作綯紐足為象鼻蓋先後製作相承故無少異非若尊彝各有取法所以無嫌於沿襲也

周純素鬲一

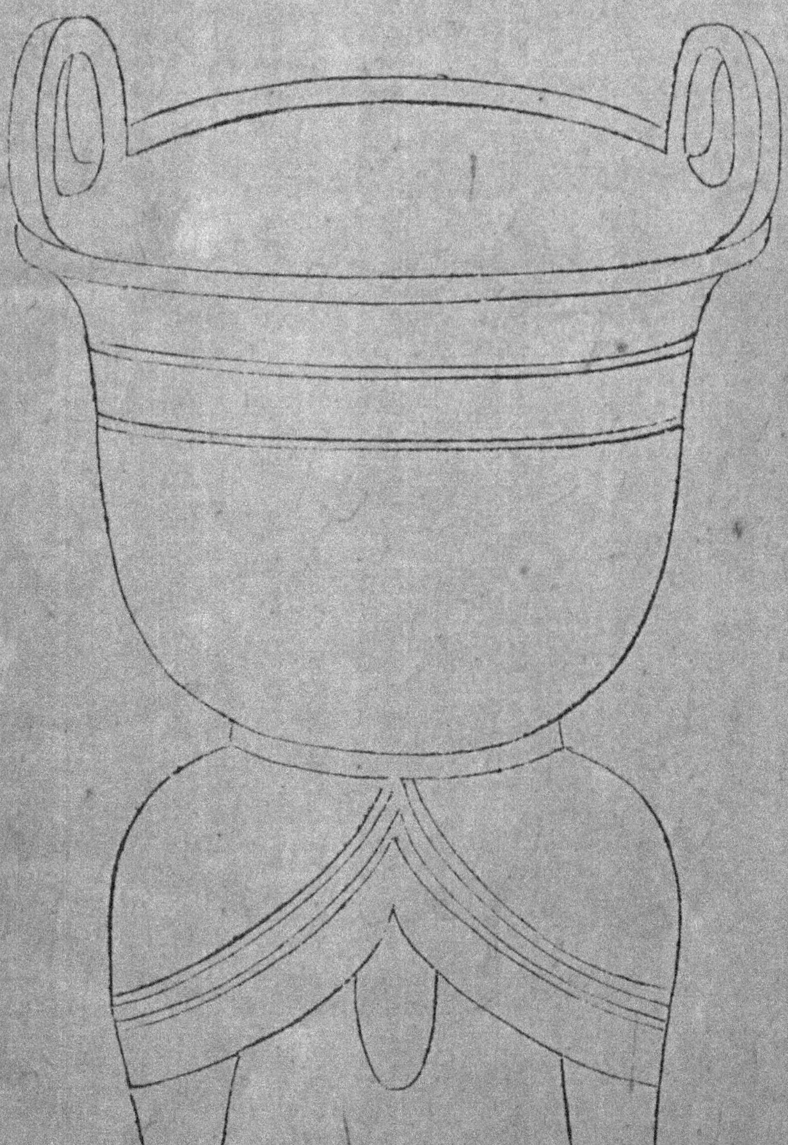

周純素甗二

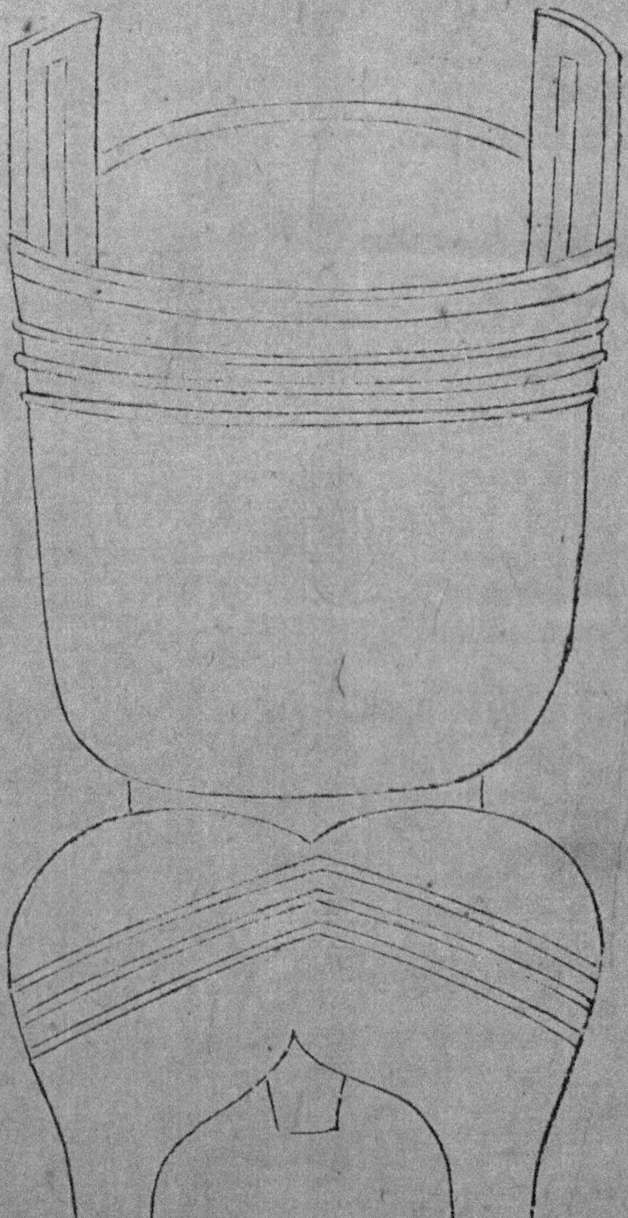

前一器高一尺三寸深自口至隔七寸一分
自隔至底三寸八分口徑八寸六分耳高二
寸二分闊二寸六分容自口至隔一斗一升
自隔至底三升有半重一十五斤十有二兩
三足無銘
後一器高一尺二寸一分深自口至隔五寸
八分自隔至底三寸九分口徑八寸七分耳
高二寸三分闊二寸六分容自口至隔九升

自隔至底二升九合重十有二斤六兩三足
無銘
右二器純素不加雕鏤其上則甑而無底其
下則隔以獻氣合二體而甗之所以備焉周
禮則陶人為甗而此悉銅為之考其所自由
關而東謂之甗至梁乃謂之鉹鉹之字從金
則甗未必為陶器也

漢偃耳甗

右高六寸深五寸七分口徑八寸三分耳高二寸一分闊二寸容一斗六合重四斤無銘耳外附如鈦而偃底跌通不設隔與蟠夔亂一類惟腹著蟬紋爲少異蓋亦漢物也

漢直耳甗

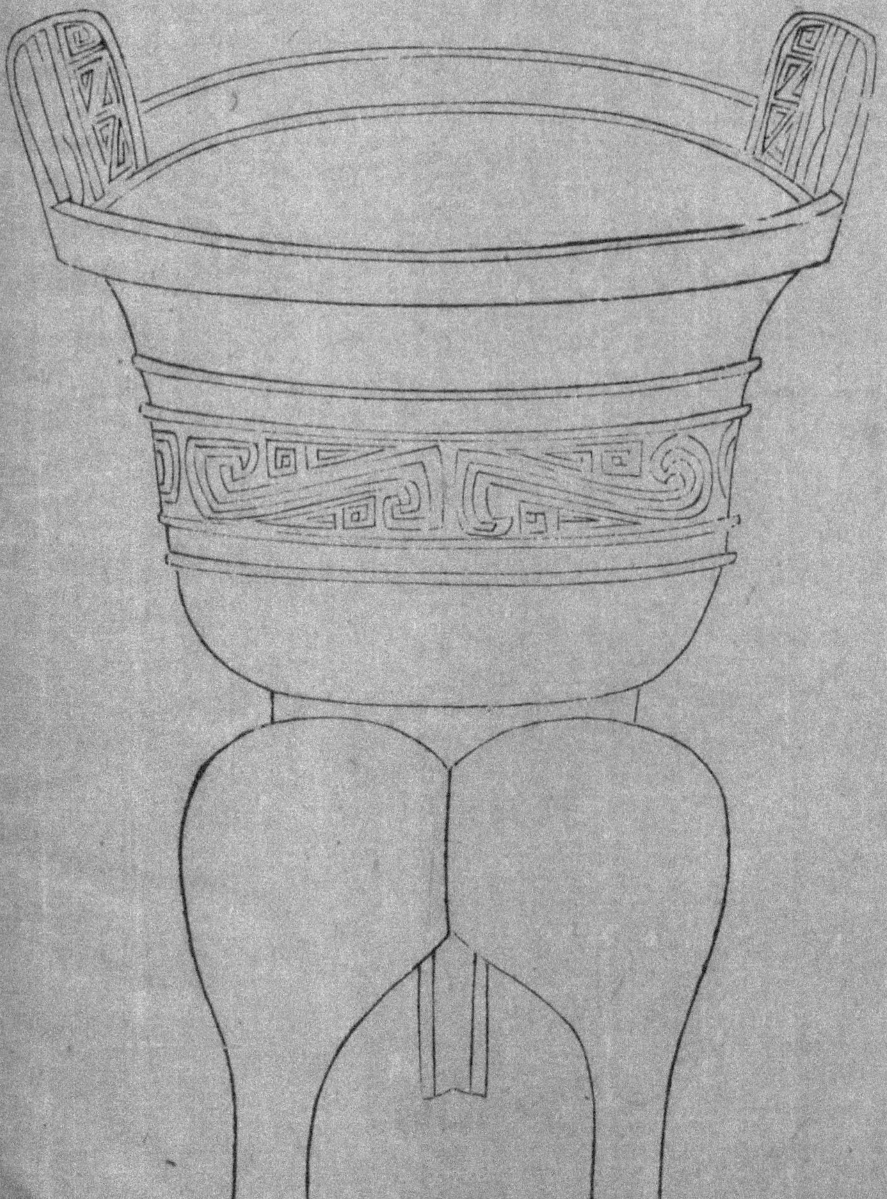

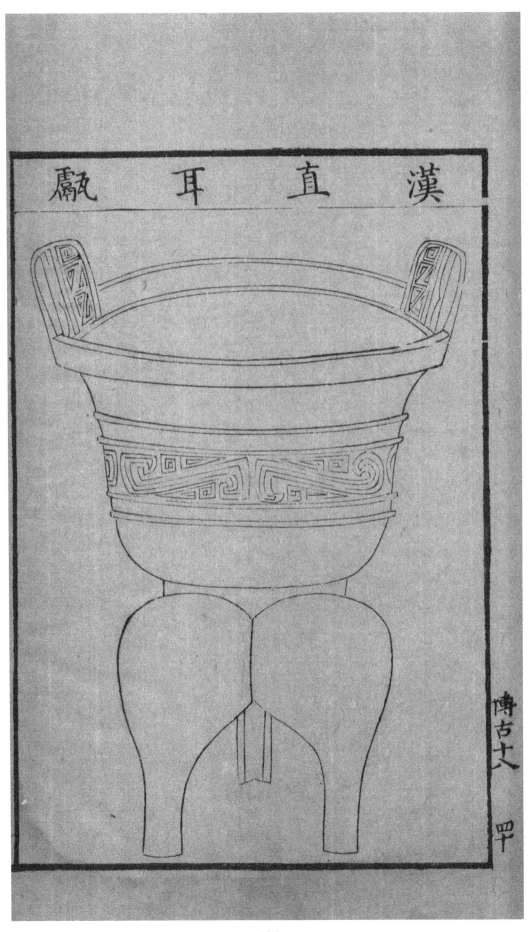

右高一尺六寸深自口至隔七寸自隔至底三寸五分口徑一寸四分耳高一寸三分闊二寸二分容自口至隔一斗九升自隔至底六升八合重二十一斤六兩三戔無銘是器腹間微斂可以承隔而無鼻鑿雖鍊冶未盡善而形制近古必漢初物也

漢虹燭錠

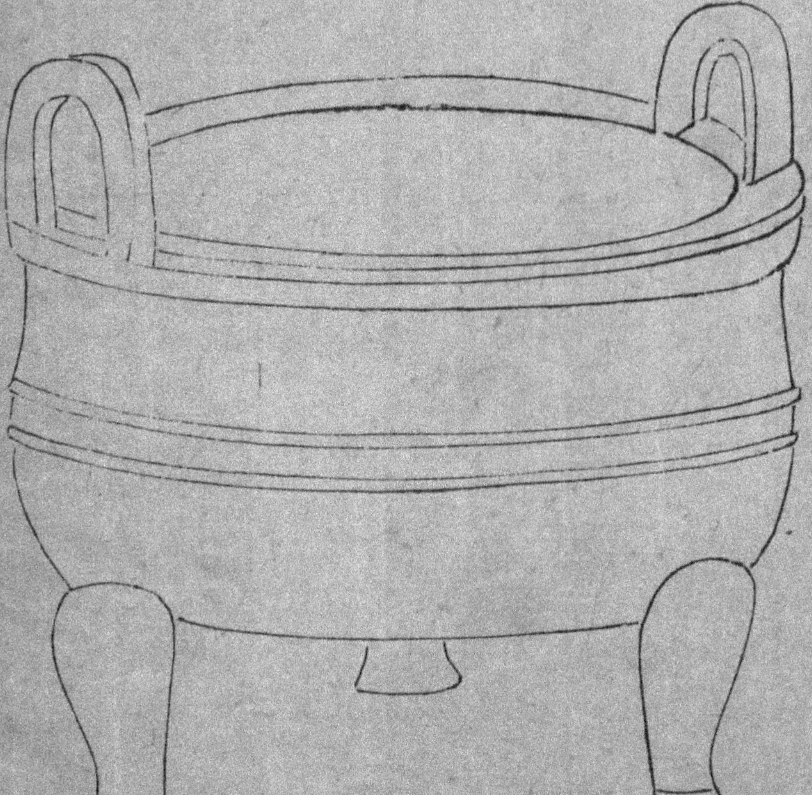

王氏銅虹燭錢
兩辟并重二十二斤四兩
第一

右高五寸四分深四寸五分口徑三寸容四升八合重四斤八兩三是銘一十八字自三代至秦器無斤兩之識此器顯其斤重又字

畫與漢五鳳鑪款識相類寔漢物也說文以
錠為鐙鐙則登而有用者銘曰虹燭者取其
氣運如虹之義殆薦熟食之器但闕其蓋而
不完曰王氏者未審其為誰也曰第一則知
為虹燭者數不特此耳

博古圖錄考正卷第十八